Marie-Sophie Lobkowicz

Es fühlt sich an
wie Gott

Mit Kindern nach Lourdes pilgern

Präsenz

Bibliografische Information der Deutschen Bibliothek

Die Deutsche Bibliothek verzeichnet diese Publikation in der
Deutschen Nationalbibliografie; detaillierte bibliografische Daten
sind im Internet über http://dnb.ddb.de abrufbar.

Umschlaggestaltung: Schupmann + Partner, Mainz
Druck: CPI books GmbH, Ulm

ISBN: 978-3-87630-091-7

www.praesenz-kunst-und-buch.de

Inhalt

Für Tante Guite –
Danke für alles!

Grußwort des Großmeisters

The importance of our annual Lourdes Pilgrimage to the Order of Malta cannot be over-emphasised. It provides an inspiration to us all and in particular to the many young people involved in our activities.

Many vocations to the priesthood and the religious life have been encouraged by contact with Our Lords the Sick at Lourdes and I wish the greatest of success to Marie-Sophie Lobkowicz's book.

His Highness and Eminence the Prince and Grandmaster
of the souvereign Order of Malta
Fra Mathew Festing

Vorwort

Sechs Millionen Pilger aus der ganzen Welt reisen jährlich zur Mutter Gottes nach Lourdes. Alleine aus den deutschen Diözesen machen sich jedes Jahr 13 Malteserzüge (und 40 weitere) auf, um möglichst viele körperlich und geistig kranke und behinderte Menschen an diesen Gnadenort zu bringen, den die Mutter Gottes ganz besonders für die Kranken und Behinderten erwählt hat.

Jedes Jahr ziehen am ersten Mai-Wochenende Malteser aus aller Welt nach Lourdes. Sie kommen in Zügen und Flugzeugen aus über 50 Ländern, um an dieser inzwischen größten Ordenswallfahrt unserer Zeit teilzunehmen.

Denn nirgends lässt sich so schön und einfach die Bedeutung des Ordensleitspruches erfahren, der da lautet: *Hilfe den Bedürftigen und Wahrung des Glaubens.* Die Spiritualität des Malteser-Ordens speist sich wesentlich aus der Bestärkung und Erneuerung unseres Glaubenslebens in der Hilfe für die Armen und Bedürftigen überall auf der Welt.

Einen der deutschen Malteser-Lourdeszüge, den Kinderzug, beschreibt Marie-Sophie Lobkowicz in diesem Buch mit der ihr eigenen Eindringlichkeit, Farbigkeit und Ehrlichkeit. Mich hat dieses Buch tief angerührt, wie schon manches aus der Feder dieser begabten jungen Schriftstellerin.

Deshalb wünsche ich diesem Buch großen Erfolg. Dieser Erfolg möge darin liegen, möglichst viele Menschen dazu zu ermuntern, die Mutter Gottes in Lourdes zu besuchen und den reichen Segen ihres Sohnes zu erfahren.

Dr. Erich Prinz von Lobkowicz
Präsident der Deutschen Assoziation
des Souveränen Malteser-Ritterordens

„Weißt du, wenn man in den Zug einsteigt,
sieht man lauter behinderte und kranke Kinder,
wenn man aussteigt, sind es einfach nur noch Kinder."

Einleitung

Es ist eine prägende Kindheitserinnerung für mich, dass mein Vater jedes Jahr für eine Woche an einen Ort namens Lourdes fuhr. Mir sagte der Name des Ortes nichts – ich wusste nur, dass er weit weg war und mein Vater eine Reise im Zug dorthin machte. Ich erinnere mich jedoch deutlich, dass mein Vater jedes Mal von dieser Woche mit ausgesprochen guter Laune zurückkam, außerdem brachte er ein Geschenk für uns Kinder mit. Dabei handelte es sich mal um ein Holz-Kreuz, mal um eine Heiligen-Ikone oder einen kleinen Rosenkranz. Für mich war schon früh klar, dass ich auch an diesen Ort fahren wollte, wenn ich erwachsen wäre, um zu sehen, wo diese Freude herkam, die mein Vater von dort mitbrachte.

Mit 19 bin ich das erste Mal, gemeinsam mit meinem Vater und meinem älteren Bruder, selbst nach Lourdes gefahren. Wir reisten mit einer Gruppe von Maltesern, die sich für eine Woche in Lourdes um alte und kranke Menschen kümmerte. Die Geschichte des Malteser-Ordens ist spannend und lang und kann in zahlreichen Geschichtsbüchern nachgelesen werden. Hier nur ein paar Eckdaten. Er wurde 1099 nach der Einnahme Jerusalems durch die Ritter des 1. Kreuzzuges gegründet und war aus einer bereits bestehenden Krankenpfleger-Bruderschaft entstanden, welche vom Ordensgründer, dem seligen Bruder Gerhard, ins Leben gerufen wurde. Sein Orden bestand aus einer Gruppe von Männern, die sich der Kranken und Verletzten annahmen und diese pflegten. 1530 überließ Karl V. dem Orden die Insel Malta. Seither ist er als Malteserorden bekannt. Ich könnte weiter ausholen in Bezug auf die Geschichte des Ordens, aber das würde hier zu weit führen. Was mir an dieser Stelle jedoch als wissenswert erscheint, ist, dass zwei Prinzipien den Orden bestimmen:

tuitio fidei und *obsequium pauperum*: die Verteidigung des Glaubens und der Dienst an den Armen und Kranken. Wie sehr diese beiden Leitlinien miteinander verwoben sind – wie sehr der Dienst an den Armen den Glauben stärkt und der Glaube den Dienst trägt –, ist eine Erfahrung, die ich immer wieder machen durfte und die ich lange nicht in ihrer ganzen Tragweite verstanden habe. Aber ich schweife ab…

Diese erste Woche in Lourdes war für mich eine außergewöhnliche Erfahrung und ich durfte selbst erleben, was die Quelle der Kraft und Freude war, aus der mein Vater jedes Jahr schöpfte. Ich begann zwei Dinge zu begreifen: Was für eine tiefe Gnade im Dienen liegt und was für ein Mysterium der Glaube ist. Dieser Prozess des Verstehens ist, wie gesagt, nicht abgeschlossen und ich lerne immer wieder neue Faktoren kennen.

Mit dabei war in diesem Jahr Franz-Erwein, der damals den so genannten *Kinderzug* organisierte. Dieser Zug ist einzigartig, weil er ausschließlich Kinder mit nach Lourdes nimmt. Er ist vor mehr als 25 Jahren ins Leben gerufen worden, weil ein paar jungen Leuten, unter anderem Marie-Gabrielle Waldburg-Zeil und Johannes Schaesberg, aufgefallen war, dass in anderen Hilfszügen gelegentlich auch Kinder mitfuhren, für die das Programm der Erwachsenen aber nicht passend war. So haben sie sich entschlossen, einen Zug zu organisieren, der besser auf die Bedürfnisse von Kindern ausgerichtet sein sollte. Die Anfänge waren schwierig, aber das Projekt stand offensichtlich unter Gottes Segen, da es bis heute Bestand hat.

In dem besagten Jahr meiner ersten Lourdes-Reise hatte es sehr wenige Anmeldungen von Helfern für den Kinderzug gegeben; daher überredete Franz-Erwein meinen Bruder und mich, ihn beim Kinderzug zu begleiten. Und so befand ich mich, kaum vier Wochen später, ein zweites Mal auf dem Weg nach Lourdes: diesmal in Begleitung von geistig und körperlich behinderten Kindern. Und damit wurde der Grundstein für eine Leidenschaft gelegt.

Wie ich dazu gekommen bin, nicht nur als Helferin mitzufahren, sondern diesen Zug zu leiten, ist für mich eine besondere Geschichte. Es war keine geringere Erfahrung, als dass Gott mir deutlich gemacht hat, dass er tatsächlich zu uns Menschen sprechen kann. Es war im Frühling 2003 in Wien, als mich Barbara und Franz-Erwein, die beiden damaligen Leiter des Zuges, ansprachen. Zu dem Zeitpunkt war ich bereits sechsmal in Lourdes gewesen, dreimal mit den Kindern und dreimal mit Erwachsenen. Ich hatte schon ein mulmiges Gefühl im Magen, als Barbara ankündigte, sie wolle etwas mit mir bereden.

Ohne Umschweife teilten mir die beiden mit, dass sie mich als Barbaras Nachfolgerin auserkoren hätten: dass ich die richtige Person sei, um die Organisation des Kinderzuges zu übernehmen. Ich war restlos überfordert mit dieser Anfrage und erbat mir eine Bedenkzeit. Innerlich wusste ich schon, dass ich nein sagen würde. Ich fühlte mich in keinster Weise in der Lage, die Verantwortung für ein solches Unternehmen zu tragen:

Ich, die ich mich nie traute, vor einer größeren Gruppe den Mund aufzumachen. Ich, die ich in mir einfach keine Begabung zur Leitung einer großen Gruppe sah. Das Ganze war für mich wie ein riesiger, schwerer Fels und mir war klar, dass ich nicht in der Lage sein würde, ihn zu stemmen. Ich empfand die Anfrage als sehr belastend. Dazu kam, dass die Fahrt ja immer über Pfingsten stattfindet. In Österreich, wo ich damals Geschichte studierte, ist zu diesem Zeitpunkt immer Prüfungsphase. Schließlich besprach ich alles mit meinen Eltern: Die waren eindeutig dagegen. Sie sagten mir klar und deutlich, ich solle mich auf mein Studium konzentrieren. Die Organisation eines solchen Zuges sei ein Haufen Arbeit und ich könne das ja nach meinem Studium machen. Jetzt nicht.

Innerlich war ich sehr froh über ihre eindeutige Aussage, und mit dem guten Gefühl, die Sache abgehakt zu haben, schrieb ich Barbara und Franz-Erwein, dass ich den Zug leider auf keinen Fall leiten könnte. Ich war sehr entschlossen und dachte, die Umstände sprächen für die Richtigkeit meiner Argumente.

Ich hatte meine Rechnung ohne den Heiligen Geist gemacht. Die nächsten Monate gingen ins Land, und der Kinderzug beschäftigte mich in Gedanken immer wieder. Ich schob sie aber immer wieder beiseite und ging fröhlich betend durchs Leben:

„Herr – zeig mir, wo mein Weg ist – was Du willst, was ich tun soll. Wenn ich Dich nicht höre oder verstehe, dann musst du wohl einfach lauter mit mir sprechen." Bei diesen Gebeten dachte ich nicht an den Lourdeszug. Es gab vieles, was mich in diesen Monaten beschäftigte. Aber ich betete. Also bin ich selbst schuld, dass ich auch eine Antwort bekam. Und die war so deutlich, dass ich entwaffnet war.

Es muss im Herbst gewesen sein, als ich mit meiner Freundin Antonia an einem Mittwochabend zu einem Gebetskreis in der Nähe des Wiener Stephansplatzes ging. Ich war erst einmal dort gewesen. Ich kannte fast niemanden. Gegen Ende der Anbetung nahm der Priester, den wir nicht kannten, das Allerheiligste und ging durch die Reihen. Als er an unserer Reihe vorbeikam, sagte er deutlich:

„Der Herr segne die Kinder und die Kleinen unter euch."

Kinder waren keine im Raum.

„Prima – der Herr soll die Kleinen segnen. Das ist gut", dachte ich.

Als wir anschließend gehen wollten, kam der Priester hinter uns her. Wir wunderten uns ein bisschen. Vielleicht wollte er uns einfach begrüßen, weil wir neu waren? Er sprach uns an und sagte dann Folgendes:

„Ich weiß, ich kenne euch nicht, aber während der Segnung hatte ich den starken Eindruck, dass einer von euch beiden etwas mit Kindern zu tun hat – oder zu tun haben sollte. Ich weiß nicht, ob das zutrifft, aber ich soll euch das irgendwie sagen."

Er schien selbst nicht recht zu wissen, was mit der Information anzufangen war, und es schien ihm auch ein bisschen unangenehm, uns das „auszurichten".

Ich murmelte etwas von „ja – kleine Geschwister" oder so und machte mich schleunigst auf in Richtung Tür. In dem Moment, als er uns das gesagt hatte, bekam ich butterweiche Knie und mir war klar, dass hier der Heilige Geist direkt zu mir gesprochen hatte.

Ich wanderte dann alleine durch die Stadt zurück, dachte darüber nach und stellte Erstaunliches fest: Das Gefühl der Belastung – der Fels – war völlig verschwunden. Ich fühlte mich ganz frei und konnte innerlich einfach „Ja" sagen.

Einfach so.

Von einem Augenblick auf den anderen. Als Erstes rief ich meine Eltern an, um ihnen zu erzählen, dass ich mich jetzt doch dazu entschlossen hatte, den Zug zu übernehmen. Ich erwartete schon starken Gegenwind, aber zu meinem großen Erstaunen ermutigten meine Eltern mich plötzlich und fanden, dass es eine gute Entscheidung sei. Einfach so, ohne dass ich ihnen von meinem Erlebnis erzählt hatte.

Wieder *einfach so*.

Der Heilige Geist hatte also nicht nur eine Wandlung in meinem Inneren bewirkt, sondern zeigte mir deutlich, dass er auch die kleineren Felsen aus dem Weg räumen würde.

Wenn Gott mir diese Aufgabe überträgt, dann wird er mir auch die Fähigkeit dazu geben. Dann wird er die Sache mit mir durchziehen – ganz abgesehen davon, ob ich dazu in der Lage bin oder nicht. Er wird alles bereitstellen, damit Sein Plan aufgeht. Und darauf habe ich seitdem vertraut. Ohne Seine Hilfe kann ich nichts schaffen, mit Seiner Hilfe alles.

Ich wusste in dem Moment noch nicht, wie das alles funktionieren würde, aber ich wusste, dass ich nicht allein war. Ich musste nur Ja sagen. Ich musste nur bereit sein. Für den Rest würde der Herr sorgen. Und das hat er bis heute getan!

Also habe ich die Leitung und Organisation des Kinderzuges übernommen. Das bedeutet im Großen und Ganzen, eine einwöchige Fahrt nach Lourdes mit 40 geistig und körperlich behinderten Kindern und ca. 60 Teammitgliedern zu organisieren. Die Kinder kommen aus Heimen in Süddeutschland. Das Team setzt sich aus jungen Menschen zusammen, die durch Mundpropaganda, Freundschaft oder aus eigenem Interesse auf den Zug aufmerksam geworden sind. Meist sind es Studenten, aber auch bereits in Arbeit stehende junge Leute, die oftmals aus dem *Dunstkreis* des Ordens stammen. Alle Mitfahrer sind ehrenamtlich tätig und zahlen auch einen Beitrag für die Woche. Da sich der Zug rein aus Spenden finanziert, ist das notwendig und gut. Viele, die zum ersten Mal mitfahren, haben keinerlei Erfahrung, was die Pflege oder den Umgang mit behinderten Menschen betrifft. Sie sind größtenteils vollkommen unerfahren auf diesem Gebiet. Alles, was sie mitbringen, ist ein offenes Herz und den Willen, sich darauf einzulassen.

Gott sei Dank war ich bei der Organisation nicht auf mich alleine gestellt. Ich hatte einen Co-Chef und zahlreiche hilfsbereite Teammitglieder an meiner Seite. Mittlerweile ist es fünf Jahre her, dass ich den Zug erstmals übernommen habe, und jedes Jahr ist diese Pfingstwoche mit den Kindern in Lourdes anders, und jedes Jahr geschehen viele kleinere und auch mal größere Wunder.

Als nun der Verlag im Frühjahr auf mich zukam und mir vorschlug, ein Buch zum Thema *Wunder und Heilung* anhand meiner Erfahrungen mit dem Zug zu schreiben, war ich spontan begeistert. Doch hat es einige Monate gedauert, bis ich das Thema für mich stimmig bearbeiten konnte. Nun ist eine sehr persönliche Geschichte dabei entstanden.

Es wechseln sich zwei unterschiedliche Perspektiven in dem Buch ab. Zum einen ist es meine ganz eigene Erfahrung in Ich-Form – zum anderen die Perspektive von verschiedenen Teammitgliedern, die aus ihrer Sicht berichten. Dafür habe ich auf zahlreiche Gespräche, Erzählungen und Beobachtungen zurückgegriffen. Die folgende Geschichte basiert also auf Erlebnissen, die allesamt wahr sind, auch wenn sich die Erlebnisse aus verschiedenen Jahren durchmischen.

Um einen Rahmen für die Handlung zu finden, habe ich eine konkrete Woche in Lourdes beschrieben und beschlossen, die Leserinnen und Leser mit auf die Reise zu nehmen. Ich habe mich den so genannten *Dienstplan* „entlanggearbeitet", den jedes Teammitglied für die Woche bekommt. Im Anhang ist ein Teil des Dienstplans abgedruckt, damit sich Leserinnen und Leser etwas darunter vorstellen können und die Struktur des Buches besser verständlich wird.

Um es zu erleichtern, den Überblick auf der Reise zu bewahren, und um die Persönlichkeitsrechte der beschriebenen Personen zu wahren, haben alle „Teammitglieder" Namen mit dem Anfangsbuchstaben T erhalten (bis auf Stephan, der in einem Interview sein ganz persönliches Wunder berichtet hat und daher seinen Namen behalten durfte) und alle Kinder einen, der mit K beginnt.

Ich wünsche eine gesegnete Reise.

Marie-Sophie Lobkowicz   München, im Oktober 2009

Donnerstag vor Pfingsten

Am Donnerstag um sechs Uhr nachmittags ist tatsächlich alles gepackt und der weiße LKW steht abfahrbereit im Schlosshof von Tannheim. Sehr zufrieden betrachten die Jungs ihr Werk: Getränkekisten, Windelkisten, Spielzeugkisten und tausend andere Dinge sind fein säuberlich gestapelt und verpackt. Seit Jahren starten wir in Tannheim in Baden-Württemberg, wo sich unser Lager befindet, in dem übers Jahr unsere Utensilien untergebracht sind: Windeln, Pflegeartikel, Spiel- und Putzzeug, Berge von Kisten – eben alles, was man für eine Fahrt mit 40 Kindern braucht. Marguerite Schaesberg, von vielen liebevoll Tante Guite genannt, die in Tannheim zu Hause ist und die Mutter eines der Gründer des Zuges ist, nimmt unser ca. 60 Mann starkes Team hier alle Jahre immer wieder mit großem Herzen auf und erleichtert uns auf allen Ebenen den Start unserer Reise.

Ein kleines Team von Helfern hat hier bereits in den letzten zwei Tagen das ganze Material verpackt. In dem langen, immer kühlen Küchengang des so genannten alten Schlosses herrschte in den Tagen der Vorbereitung ein emsiges Treiben. Und wir sind pünktlich fertig geworden.

So können wir alle zusammen guter Dinge in den Nachbarort Berkheim zum Gasthaus Krone abfahren, wo sich schon die *Frischlinge* – so werden bei uns alle, die zum ersten Mal mit dem Kinderzug nach Lourdes fahren, bezeichnet – und weitere Mitfahrer versammelt haben. Als wir in den Hof vor dem schönen, gelb gestrichenen Gasthof einbiegen, winken uns schon die Ersten zu, die sich unter dem hundert Jahre alten Kastanienbaum, der den Hof überschattet, zum Rauchen versammelt haben. Es beginnt das große Begrüßen. Die meisten Gesichter sind bekannt, die anderen ordne ich in meinem Kopf schnell den Namen zu, die ich von der Anmeldeliste kenne. Viele der Teammitglieder kennen sich bereits und freuen sich, einander wiederzusehen. Nach dem Essen, dem traditionellen Schnitzel mit Kartoffelsalat, von dem ich wie üblich vor Aufregung nicht viel runterbringe, starten wir die *Frischlingseinweisung*. Es ist bereits das fünfte Mal, dass ich das mache, aber immer noch bin ich nervös: eigentlich ein genereller Zustand, wenn ich vor einer größeren Gruppe etwas sagen muss. Ich frage mich, ob sich das irgendwann legen wird, befürchte aber, dass ich damit leben muss …

Nun denn – es gibt keinen Weg daran vorbei. In einem Nebenraum des eigentlichen Schankraumes steht ein großer Tisch, und alle Neulinge versammeln sich darum. Mein Co-Chef Tobias beginnt und erklärt organisatorische und geschichtliche Details zum Kinderzug. Zu Lourdes gibt es viel zu sagen; kurz gefasst handelt es sich um einen Wallfahrtsort in den französischen Pyrenäen, wo 1858 dem Hirtenmädchen Bernadette Soubirous die Mutter Gottes erschienen ist.

Dann bin ich an der Reihe. Sobald ich zu reden beginne, legt sich auch meine Nervosität. Ich widme mich in meinem Vortrag den Kindern und dem Umgang mit ihnen sowie der Pflegeeinweisung. Wir haben Kinder mit ganz unterschiedlichen Behinderungen auf unserer Pilgerfahrt dabei. Fast alle sind geistig und viele auch körperlich eingeschränkt. Da gibt es Kinder, die an den Rollstuhl gefesselt sind, und andere, die fidel durch die Gegend springen. Auch die geistige Einschränkung ist jeweils sehr unterschiedlich. Ich schärfe den Neuen ein, dass wir immer davon ausgehen sollten, dass die Kinder alles mitbekommen, auch wenn es nicht den Anschein hat. Sie sind uns in dieser Woche anvertraut und wir wollen den Kindern Spaß und Freude bereiten. Wir sind in dieser Zeit nicht dazu auserkoren, sie zu verändern oder gar zu erziehen. Nein. Wir sind dazu da, sie einfach lieb zu haben.

Wie immer blicke ich in etwas verängstigte Gesichter, als ich das Thema Epilepsie anschneide. Viele unserer Kinder haben Epilepsie, und es kann jedem passieren, dass er während der kommenden Woche mit einem Anfall konfrontiert wird. Ich versuche, den Neuen die Angst davor zu nehmen, verstehe aber, dass es die meisten erst mal erschreckt.

Tatjana hört mit großen Augen zu. Wenn sie ehrlich mit sich ist, dann hat sie ziemliche Angst im Bauch. Sie ist zum ersten Mal dabei und hat noch nie mit behinderten Menschen zu tun gehabt. Aber sie mag Kinder, und ihre Eltern fahren auch jedes Jahr nach Lourdes. Gerade hat sie zu studieren begonnen, weshalb sie sich Zeit für diese Woche nehmen konnte. Wie wird das ihr zur Betreuung zugewiesene Kind sein? Ob es Epilepsie hat? Ob sie damit umgehen kann? Sie blickt sich im Raum um und spielt nervös mit ihren langen Haaren. Alle wirken entspannt. Alle hören zu, und sie hat das Gefühl, die Einzige im Raum zu sein, der sich ein Klumpen im Magen bildet. Wahrscheinlich stimmt das nicht. Es sind auch andere zum ersten Mal dabei. Sie versucht genau zuzuhören, um ja nichts zu verpassen. Die Leiterin des Zuges schärft allen ein:

„Im Fall eines epileptischen Anfalls muss IMMER einer beim Kind bleiben. Ihr müsst auf die Uhr schauen, wie lange der Anfall dauert. Nichts in den Mund stecken! Verletzungsquellen beseitigen! Ein anderer holt den Arzt und Tobias oder mich. Danach muss die Dauer des Anfalls und die Verabreichung der Notfallmedikamente dokumentiert werden. Das Kind soll auch danach nicht alleine gelassen werden. Folgt bitte immer den Anweisungen unseres Arztes."

Fast alle *Kinderzugfrischlinge* sind zur Besprechung da. Alle hören aufmerksam zu und ich bekomme einen ersten Eindruck von den Neulingen. Einige sind schon mit anderen Zügen im Wallfahrtsort Lourdes gewesen und haben Erfahrung mitgebracht. Andere sind ganz neu und dementsprechend aufgeregt. Ich halte eine Windel in die Höhe und frage in die Runde, wer noch nie gewickelt hat… mehrere Hände schnellen in die Höhe. Also zeige ich kurz, wie das funktioniert. Meistens sind es Jungs, die noch nie gewickelt haben. Ich mache mir darüber aber keine Sorgen. Ich habe noch keinen erlebt, der das nicht schon auf der Hinfahrt perfekt gelernt hätte…

Nur zu gut erinnere ich mich jedoch an das mulmige Gefühl im Magen, wenn man zum ersten Mal von den kranken Kindern hört und sich bewusstmacht, dass man nun eines dieser Kinder für eine Woche anvertraut bekommt. Mir zumindest war das damals sehr unheimlich. Ich lächle Tatjana zu, die mich verängstigt anblickt. Es ist kein Wunder, dass sie da mit aufgerissenen Augen sitzt, wenn von Weglauftendenz, Rollstühlen, Epileptikern, Autisten, hyperaktiven Kindern und vielem mehr die Rede ist.

Ich kann die *Frischlinge* nur wenig vorbereiten. Die Aufregung kann ich ihnen nicht nehmen, im Gegenteil, ich steigere sie wohl eher. Es ist wie ein Sprung ins kalte Wasser. Und doch weiß ich, wenn ich so in die Runde schaue, dass keiner dabei ist, der seine Hemmungen und Ängste nicht überwinden wird. Sie werden alle prima „schwimmen lernen" …

‚Irgendwie kann ich mich kaum an mein erstes Mal erinnern', denkt Titian, der am hinteren Ende des Tisches einen Platz gefunden hat. Seine erste Fahrt nach Lourdes ist schon Jahre her, und damals hatte er kein eigenes Kind zu betreuen, da er im Küchenteam war. In den letzten Jahren hat er keine Zeit mehr für die Woche aufbringen können, wegen seines Studiums. Darum hat er sich heute noch einmal mit in die *Frischlingsbesprechung* gesetzt, um sein Gedächtnis aufzufrischen. Wie er so zuhört, ist er auch froh darüber. Als kurz über die Geschichte der Lourdeszüge gesprochen wird, hört er aufmerksam zu. Geschichtliche Themen wecken generell sein Interesse. Titian ist aufgeregt und er freut sich schon auf morgen. Mit Spannung sieht er „seinem Kind" entgegen. ‚So schwer kann es doch nicht sein', denkt er sich ...

Titian kommt auf mich zu und will noch mal genauer die Geschichte von Philipp Boeselager hören, die Tobias in seinem Vortrag kurz angeschnitten hat. Philipp Boeselager hat die Malteser-Pilgerzüge aus Deutschland nach dem Zweiten Weltkrieg ins Leben gerufen. Die Geschichte seiner ersten Reise nach Lourdes ist bereits Legende. Zum Glück hat er seine Erlebnisse sehr genau aufgeschrieben und auch Vorträge darüber gehalten. Ich muss kurz überlegen, und während ich beginne zu erzählen, holen wir uns ein Bier und setzen uns nach draußen:

„Im Frühjahr 1948 wurde Philipp Boeselager von seinem ehemaligen Regimentsarzt, den er aus dem Krieg gut kannte, gebeten, mit ihm und seiner sterbenden Nichte nach Lourdes zu fahren", erkläre ich ihm. „Die evangelischen Eltern des Kindes haben den Wunsch des Mädchens für verrückt gehalten und abgelehnt. Das Mädchen war wirklich sterbenskrank und hatte keinen größeren Wunsch, als nach Lourdes zu fahren. Darum wollte der Arzt, der auch ihr Patenonkel war, ihr diesen Wunsch erfüllen. Er selbst war evangelisch und hatte von Lourdes und den katholischen Riten und Bräuchen keine Ahnung. Also bat er Philipp um Hilfe, da dieser katholisch war. Obgleich Philipp diese Bitte sehr ungelegen kam, fuhr er schließlich, unter der Bedingung, dass der Regimentsarzt und Freund alles für ihn organisieren sollte, mit ihm und dem Mädchen nach Lourdes."

„Gab es damals noch keine Züge aus Deutschland?", unterbricht mich Titian.

„Nein", fahre ich fort, „der Zug, den die drei genommen haben, war der allererste Pilgerzug, der nach dem Krieg aus Deutschland nach Lourdes gefahren ist. Dieser Pilgerzug war zustande gekommen, weil der damalige Bischof von Lourdes deutsche Geistliche, die mit ihm im KZ gesessen hatten, zur Gründung von ‚Pax Christi‘ nach Lourdes eingeladen hatte und die Franzosen die entsprechenden Genehmigungen erteilt hatten.

Zurück zu unseren drei Reisenden: Mit 10 Reichsmark in der Tasche – das war die Summe, die man mitnehmen durfte – ging die Fahrt los. Philipp stieg in Köln in den Zug, dessen Fahrt in Oberhausen begonnen hatte. Die Waggons bestanden weitgehend aus Vierter-Klasse-Wagen und nur ein Waggon hatte Dritter-Klasse-Abteile – und eins davon hatten sie, das heißt der Arzt, das kranke Mädchen und Philipp, für sich. Der Arzt war schon in Oberhausen eingestiegen; das Mädchen lag auf einer Gummimatratze und rührte sich nicht.

In Paris sollte der Zug einen Tag Aufenthalt haben, um den Pilgern Gelegenheit zu geben, die Stadt zu besichtigen. Die Männer überlegten, was sie währenddessen mit dem kranken Kind machen sollten. Geld, um sie für den einen Tag in ein Krankenhaus zu bringen, hatten sie nicht, und so schlug Philipp vor, bei dem Kind im Abteil zu bleiben."

„Ist dir das zu ausführlich?", frage ich Titian und halte inne, während vor meinem inneren Auge das Bild entsteht, das ich gerade beschrieben habe. Wie eigenartig muss es für Philipp gewesen sein, mit diesem Mädchen den ganzen Tag alleine im Abteil zu sitzen. Sie muss ganz still gelegen haben – gerade noch atmend. Hat sie gelitten? Hatte sie Schmerzen? Ob er wohl Angst hatte, sie könne einfach sterben, während er hilflos danebensaß? Ob er für sie gebetet hat? Höchstwahrscheinlich…

Nein, Titian ist es nicht zu ausführlich. Er will alles genau wissen. Also fahre ich fort:

„Nachdem die Pilger ausgestiegen waren, wurde der Zug auf irgendeinem Vorortbahnhof abgestellt, und Philipp blieb bei dem Mädchen, das sich aber nicht rührte. Gegessen hatte sie nichts in den letzten 24 Stunden und auch nur ein paar Tropfen Flüssigkeit mit einer Pipette vom Doktor erhalten.

Als der Arzt nach ein paar Stunden zurückkam, um nach ihnen zu schauen, stellte er fest, dass seine Patentochter im Sterben lag. Was sollten sie nun machen? Sie in ein Krankenhaus bringen? Philipp schlug vor abzuwarten. Falls das Kind sterben würde, so wäre es sicher einfacher, sie von Lourdes in die Heimat zu überführen als aus irgendeinem Pariser Krankenhaus. So wurde es gemacht und sie fuhren nach weiteren 12 Stunden mit dem sterbenden Mädchen Richtung Lourdes. Philipp hatte sich aus Langeweile während des Aufenthaltes in Paris die Krankengeschichte durchgelesen. Wenn er auch nichts von Medizin verstand, so war ihm doch klar geworden, dass die Kleine schon seit vielen Jahren bettlägerig war."

Während ich so erzähle, schießen mir viele Gedanken durch den Kopf. Das Mädchen lag im Sterben. Alle waren davon ausgegangen, dass es ihre letzte Reise sein würde. Ob Philipp und der Patenonkel des Mädchens wohl mit der Möglichkeit eines Wunders gerechnet hatten? Ob sie um Heilung gebetet hatten? Oder eher darum, dass der Herr dem Kind eine gnädige Sterbestunde schenken möge? Es war der letzte Wunsch des Mädchens gewesen, nach Lourdes zu fahren – ich bin fest davon überzeugt, dass zumindest sie an ein Wunder geglaubt hatte…

„In Lourdes kamen sie abends an, und die Brancardiers – das sind Ehrenamtliche, die, neben anderen Diensten in Lourdes, am Bahnhof helfen, die Kranken aus dem Zug zu bringen – stürzten in ihr Abteil und trugen das kranke Mädchen auf einer Trage weg. Wohin, das wusste Philipp nicht. Er selbst bekam in dem für ihn vorgesehenen Hotel kein Zimmer mehr und wurde nach einigem Hin und Her zu einem Gasthof in ein Pyrenäendorf gefahren. Philipp freute sich auf einige ruhige, erholsame Tage."

„Er war also gar nicht als Betreuer dort? Sondern nur als Besucher?", unterbricht mich Titian erstaunt.

„Ja – scheint so gewesen zu sein. Er hat schließlich nur seinen Freund begleitet…"

„O.k. – weiter."

„Als Philipp sich an einem der nächsten Tage die Bäder ansah, öffnete sich plötzlich der Vorhang einer der Kabinen und auf einer Trage sitzend wurde ‚sein' Mädchen herausgeschoben. Philipp erzählte, dass sie ein sichtbares Leuchten um den Kopf hatte. Er muss völlig erstarrt gewesen sein bei ihrem Anblick. Und erschrocken. Das konnte doch nicht das Kind sein, mit dem er nach Lourdes gefahren war. Es saß hier auf der Trage und bewegte Kopf und Beine!

Während er noch wie erstarrt dastand, erblickte sie ihn und lenkte die Brancardiers, die die Trage schoben, auf ihn zu. Als sie ihn erreicht hatte, sagte sie: ‚Wir haben uns doch im Zug gesehen, sie saßen immer auf der Nachbarbank.' Damit war Philipp klar, dass er nicht betrunken oder verrückt war. Nein, dieses war ‚sein Mädel' und es war geheilt."

„Krass!", entfährt es Titian. Ich kann nur nicken. Es muss Philipp zutiefst erschüttert haben, das zu erleben. Die Einzige, die scheinbar nicht in helle Aufregung versetzt war, war das Mädchen selbst. Vielleicht, weil sie an ein Wunder geglaubt hatte und jetzt das ihre als Geschenk Gottes annahm?

„Auch die Brancardiers waren in heller Aufregung. Sie schoben das Mädchen ins Hospital in ihren Saal, zurück zu der Schwester, die sie betreut hatte. Auch sie war von tiefem Staunen ergriffen. Da Mittagszeit war, gab sie dem Kind normales Essen: Fleisch mit Karotten und Erbsen. Philipp, der sie begleitet hatte, verschlug es erneut den Atem, da er ja genau wusste, dass sie schon lange nichts Normales mehr gegessen hatte.

Während er noch an ihrem Bett saß, kam ein Mann, um mit dem Mädchen zu reden. Er wollte von Philipp wissen, ob er das Mädchen nach Lourdes gebracht hätte. Philipp berichtete ihm die Geschichte, wie er zu der Fahrt nach Lourdes gekommen war. Später erfuhr er, dass es der Präsident der Hospitalité war. Er bat ihn, am nächsten Tag zu ihm in das Büro der Hospitalité zu kommen. Philipp suchte nun in den Hotels den Patenonkel des Kindes, und als er ihn gefunden hatte und berichtete, seine Nichte sei geheilt, glaubte er ihm nicht."

„Hätte ich auch nicht geglaubt…", wirft Titian ein. Ja, denke ich. Ich wahrscheinlich auch nicht. Aber warum halten wir Heilungen und Wunder eigentlich für so unmöglich, wo sie doch fester Bestandteil unseres christlichen Glaubens sind? Die Bibel ist voll davon. Und auch unser Leben, wenn wir nur mal genau hinsehen würden. Im Grunde sind wir doch alle wie Thomas, der Jünger Jesu, der den Finger in dessen Wunden legen musste, um an die Auferstehung zu glauben – wir glauben nur, was wir sehen und anfassen können… oder?

Ich erzähle weiter:

„Philipp und der Arzt eilten also zusammen ins Hospital. Dort überzeugte sich auch dieser von der wunderbaren Heilung seiner Nichte. Er war zuerst ganz verstört…"

Ich mache wieder eine kurze Pause und nehme einen Schluck von meinem Bier. Ich bin selbst erstaunt, wie mich die Geschichte beim Erzählen immer wieder gefangen nimmt. Titian meint:

„Kann ich verstehen – da wäre ich wohl auch etwas verstört gewesen… wie ist es denn Philipp damit gegangen, dass er Zeuge eines Wunders war?"

„Seinem Bericht nach war er so verstört, dass er Tage brauchte, um sich zu fangen. In der Zwischenzeit hatte ihn der Präsident der Hospitalité zu sich gebeten und ihm erzählt, dass vor dem Ersten Weltkrieg relativ viele Deutsche nach Lourdes gekommen waren. Es hatte auch ziemlich viele deutsche Helfer gegeben. Zwischen den beiden Weltkriegen habe es wegen der Armut in Deutschland und aufgrund des Hasses zwischen Franzosen und Deutschen kaum mehr Wallfahrten aus Deutschland nach Lourdes gegeben. Wunder seien immer ein Zeichen, ein Aufruf.

Philipp sei doch Malteser, und diese hätten doch als eine ihrer Aufgaben die Pflege der Kranken. Die Feindschaft zwischen Deutschland und Frankreich könne nur durch gemeinsames Beten beendet werden. Deutsche Malteser sollten mit Kranken nach Lourdes kommen, forderte er ihn auf. Er wolle alles tun, um bei der Organisation zu helfen. Wenn Philipp irgendeine Frage hätte, so solle er sich an seinen Sekretär wenden, der ihm alle Organisations- und Kostenfragen erläutern werde.

Am Tag vor ihrer Heimfahrt aus Lourdes zog der ganze Pilgerzug, der sich wieder versammelt hatte, mit dem geheilten Mädchen in einem Rollstuhl in der Mitte, zum Bischof, der oberhalb der Grotte sein Palais hatte. Der Bischof beschwor die Gruppe, für den Frieden der Welt zu beten. Das geheilte Mädchen stieg dann aus dem Rollstuhl und begrüßte den Bischof, der von der Heilung erfahren hatte. Auf der Heimfahrt ging sie von Waggon zu Waggon und berichtete von ihrer Krankheit und Heilung."

„Wieso brauchte sie einen Rollstuhl, wenn sie doch geheilt war?", unterbricht mich Titian. Ich weiß es nicht genau und zucke mit den Schultern. Ich nehme aber an, dass sie eben noch schwach war, nachdem sie jahrelang ans Bett gefesselt gewesen war...

„Durch dieses Erlebnis in Lourdes hat Philipp erstmals begonnen zu begreifen, weshalb Wunder so wenig bewirken.

Das kommt ja auch schon in der Bibel vor. Da bewirkt Jesus Wunder, und trotzdem bekehren sich nicht alle, die sie miterleben. Der Mensch, das wurde Philipp in diesen Tagen in Lourdes klar, ist nicht imstande, die volle Gegenwart Gottes zu ertragen. So wie Moses vor dem brennenden Dornbusch sein Haupt verhüllen musste, weil ihn sonst die Gegenwart Gottes vernichtet hätte, so ist der Mensch nicht imstande, das Eingreifen Gottes in den gewohnten Ablauf der Natur zu ertragen.

Philipp beschreibt sein Gefühl, man könne entweder nur an der gleichen Stelle, an der das Wunder geschehen ist, ein Leben lang knien bleiben oder man müsse versuchen, das Übermenschliche, das einem im Wunder begegnet, zu vergessen, um als normaler Mensch weiterleben zu können. Seit diesem Lourdeserlebnis glaubte Philipp nicht nur, nein, er wusste, dass es Gott gibt.

Er erzählte später, er bete in Lourdes, wenn er während einer Prozession bei einem Kranken knie, dass Gott in seiner Allmacht die Kranken gesund machen möge. Er habe aber auch immer gehofft, dass er nicht erneut Zeuge eines Wunders würde, da nach seiner Erfahrung ein Wunder uns arme Menschen fast vernichtet", erzähle ich weiter.

Titian schweigt eine Weile. „Stimmt wahrscheinlich", meint er nachdenklich.

„Und dann hat er die Malteserzüge gegründet?"

„Ja. – Nach seiner Rückkehr berichtete Philipp dem Präsidenten der Rheinisch-Westfälischen Malteser von dem Geschehnis und bat ihn, dem Wunsche der Hospitalité entsprechend, einen deutschen Malteser-Lourdes-Krankendienst aufbauen zu dürfen. Der Präsident gab ihm dann den Auftrag dazu, und im darauf folgenden Jahr fuhren die ersten Männer nach Lourdes, um sich zu orientieren und einweisen zu lassen.

Noch ein Jahr später fuhr der erste kleine Trupp, zwei Männer und zwei ehemalige Rotkreuz-Schwestern, mit drei Kranken nach Lourdes. Jahr für Jahr ist dann langsam die Zahl der Kranken und Helfer gewachsen; zuerst sind aus der Diözese Köln, später auch aus Trier und dann aus immer mehr deutschen Diözesen Malteser-Krankenhelfer-Teams nach Lourdes gefahren. Heute gibt es mehr als ein Dutzend Malteser-Züge, die aus verschiedenen Diözesen jedes Jahr nach Lourdes pilgern. Und weil wir morgen auch losfahren, muss ich jetzt dringend ins Bett …", schließe ich meinen Bericht ab und muss gähnen. Titian würde am liebsten noch mehr darüber hören, aber es ist mittlerweile spät und ich kann nicht mehr.

Die Geschichte hat in mir das Bewusstsein wieder wachgerufen, in welcher langen Tradition wir mit den Pilgerzügen stehen. Philipp hat den Aufruf durch das Wunder wahrgenommen und wir folgen diesem Aufruf bis heute. Ich finde es schön, dass unser Unterfangen ein so konkretes Erleben als Ursprung hat. Ich verspreche Titian, dass ich ihm das Heft[1] mit dem genauen Bericht von Philipp Boeselager geben werde – da kann er noch mal alles nachlesen.

Zusammen mit meiner Freundin Trixi und Titian breche ich bald wieder nach Tannheim auf. Trixi leitet die Küche in unserem Zug und muss heute noch einiges erledigen. Während der zwanzigstündigen Zugfahrt versorgt unser Küchenteam ca. 100 Leute, und auch in Lourdes gibt es eine Menge Arbeit für die Küche. Im Zug sind wir ganz auf uns alleine gestellt – die gesamte Versorgung organisiert Trixi, während es in Lourdes reguläre Mahlzeiten im Hospital gibt. Viele Kinder bekommen Sondernahrung, die auch vor Ort speziell zubereitet werden muss. Die meisten Lebensmittel, die wir mitnehmen, kommen durch Spenden zusammen...

Einige Jungen sind derweil im Hof des Schlosses dabei, sich passende beige und blaue Overalls auszusuchen.

Bei einem Bier kommen sie erst mal richtig an. Alle Männer tragen während dieser Woche Overalls mit einem roten Gürtel. Darunter gehört ein Hemd, und Krawatte ist Pflicht. Diese „Uniformen" sind praktisch, haben für die Kinder einen starken Wiedererkennungswert und geben dem Team einen einheitlichen Charakter. Titian wühlt sich durch die Gürtel und Barette, um passende für sich zu finden, und zieht schließlich, zufrieden mit seiner Auswahl, ab ins Bett. Ich begrüße Theodor, der zum ersten Mal mit uns fährt und die *Frischlingsbesprechung* verpasst hat. Er macht Witze über unsere Uniform und wirkt erstaunlich unsicher, freut sich aber sichtlich, dass er sich entschieden hat mitzukommen. Er war bereits mit einem anderen Zug in Lourdes, also erzähle ich ihm nur kurz von den Besonderheiten der Kinder.

Ein älterer Onkel von mir, Titus, der sich ebenfalls eine Uniform aussucht, begrüßt mich fröhlich. Von seinem Neffen lässt er sich die passenden Overalls aussuchen. Er hat vor Jahren, als der Kinderzug gegründet wurde, das Kofferteam geleitet und damals der Mutter Gottes versprochen, er würde drei Mal mit dem Kinderzug mitfahren. Bis jetzt hat er das nicht eingelöst. Also ist er dieses Jahr, trotz fortgeschrittenen Alters, wieder dabei. Sein Neffe Stephan hat mittlerweile die Aufgabe des so genannten *Kofferbocks* übernommen. Ich bin gespannt, wie es sein wird, Onkel Titus dabeizuhaben, da sich das Alter unseres Teams eigentlich eher zwischen zwanzig und vierzig Jahren bewegt. Mit seinen siebzig Jahren ist es ein wackeres Unterfangen, uns zu begleiten. Er wird eine große Bereicherung und ein guter Ruhepol sein.

Tatjana ist mit Tina und Tanja in das Kloster gefahren, in dem sie heute übernachten. Morgen früh geht es los. Sie liegt in ihrem schmalen Bett und findet keinen Schlaf. Vor ihrem inneren Auge ziehen die absurdesten Bilder vorbei. Winzige Kinder in

Rollstühlen, eigenartig verkrümmt und mit großen hilflosen Augen, überall Windeln, und ständig fällt jemand mit Schaum vor dem Mund um. Sie schüttelt den Kopf, dreht sich auf die andere Seite und versucht die Bilder zu vertreiben. Im Grunde hat sie keine Ahnung, was sie erwartet, aber nichtsdesto trotz – oder gerade deswegen – wird der Klumpen in ihrem Magen immer größer. Wie immer malt sich ihre Fantasie das Schlimmste aus. Noch lange wälzt sie sich hin und her und versucht zu schlafen. Irgendwann gelingt ihr das auch, aber wilde Träume begleiten sie.

Trixi, die noch letzte Sachen verpackt hat, und ich schaffen es, vor zwölf Uhr im Bett zu sein, was auch nötig ist. Viel Schlaf bekomme ich trotzdem nicht, weil mir tausend Gedanken durch den Kopf huschen. Habe ich was vergessen? Etwas nicht eingepackt? Genug Windeln dabei? Werden alle mit ihrem Kind klarkommen? Ich habe im Vorfeld eingeteilt, welches Kind von welchem Teammitglied die Woche über betreut wird. Ob die Kombinationen jeweils die richtigen sind? Ich hoffe, das Wetter wird dieses Jahr gut – nicht dieser Dauerregen wie letztes Jahr usw. usw. … Dann drehe ich mich um und lege alles bewusst in Gottes Hand. Ab jetzt muss man die Dinge nehmen, wie sie kommen.

Freitag vor Pfingsten

Viel zu früh und lange vor dem Läuten meines Weckers bin ich wach, dusche und werfe mich in das blau-weiß gestreifte Reisekleid. Rote Weste, Gürtel, Namensschild – alles dran. Ah – die Uhr nicht vergessen. Ich trage eigentlich nie eine Uhr, aber in dieser Woche ist es nötig. Ich checke noch mal meinen Teamvortrag und gehe runter. Beim Frühstück treffe ich schon auf unseren Priester, der gemütlich am Küchentisch sitzt und einen Kaffee trinkt. Er begleitet uns seit mehr als zehn Jahren. Trixi und ihr Küchenteam bepacken emsig die Kühlboxen. Alles, was wir für die zwanzigstündige Fahrt mit dem Zug brauchen, muss schließlich mitgenommen werden. Ich beobachte, wie sie eingeschweißte Salami, Butter und Joghurts verpacken und gehe wiederholt meinen Zettel durch. Nervös versuche ich, zum Frühstück eine Brezel zu essen – ohne großen Erfolg. Alles ist noch ruhig, aber die Ersten beginnen einzutrudeln.

07.45 Uhr   Eintreffen Tannheim

Ich wandere unruhig im langen Küchengang hin und her, schicke alle ankommenden Mädchen nach ganz oben in den dritten Stock, wo sie sich einkleiden können. Wir haben beim Kinderzug eine einheitliche Kleiderordnung. Alle Mädchen tragen in Lourdes weiße Kittel mit einer weißen Schürze, hautfarbene Strumpfhosen und schwarze Schuhe. Für die Zugfahrt gibt es robustere blau-weiß gestreifte Kittel. Alles in allem sieht dies aus wie die Kleidung einer Krankenschwester und ist einfach praktisch. In Lourdes kommt noch eine Haube dazu, die die Haare bedeckt.

Tatjana hat die Schürzen vergessen, die sie sich extra besorgt hat. Sie liegen daheim auf der Kommode. Sie hat sie noch vor Augen. So ein Mist. Was soll sie jetzt machen? In Tannheim fragt sie schüchtern, ob es vielleicht noch welche gibt. Ihr Missgeschick ist ihr sehr peinlich. Dabei wollte sie doch an alles denken und alles richtig machen. Glücklicherweise ist es kein Problem, Schürzen zu leihen, und Tatjana wird mit den anderen Mädchen nach oben geschickt. Tina, die mit ihr gekommen ist, erzählt munter eine Geschichte, die sie in Lourdes erlebt hat: von einem alten Mann, dessen Gebiss sie hatte putzen sollen, und davon, wie sie es dann vertauscht hat und dem armen Mann das Gebiss einer alten Frau, das sie ebenfalls geputzt hatte, eingesetzt hatte. Sie ist bereits mehrmals in Lourdes gewesen: mit einem anderen Zug, mit erwachsenen Kranken und alten Menschen. Sie lacht fröhlich bei der Erinnerung und probiert ein Kleid nach dem anderen an. Alle sind sie ein bisschen zu groß. Macht nichts. Sie lacht. Ihre Fröhlichkeit ist ansteckend und Tatjana muss ebenfalls lachen, als Tina mit großen Gesten beschreibt, wie die Gebisse wieder umgetauscht wurden – und wie peinlich ihr das gewesen ist. Darüber vergisst Tatjana sogar ein bisschen ihre Angst ...

08.00 Uhr *Umziehen / Gepäck fertigmachen*

Die Teambesprechung rückt immer näher und meine Nervosität steigt. Ich verstehe das nicht. Es ist ja nicht das erste Mal und etwas Neues werde ich dem Team auch nicht erzählen. Aber wie immer habe ich einen riesigen Kloß im Hals und wünsche mir, den nächsten Teil der Veranstaltung überspringen zu können. Das Kofferteam, eine Gruppe von etwa 15 Jungen, belädt bereits den LKW im Hof mit dem Teamgepäck. Hektisch bringen die verspätet Eingetroffenen ihre Kofferschilder an den Gepäckstücken an und eilen nach oben. Ich sehe erleichtert, dass Tassilo es auch geschafft hat, rechtzeitig anzukommen. Er ist ein ziemlicher Chaot, bei ihm kann man nie wissen, aber er ist ein treuer Mitfahrer. Der Rest sammelt sich im ersten Stock zur Teambesprechung. Verschiedene Sofas und alte Stühle bieten den Meisten Platz zum Sitzen. Ein paar fehlen noch. Einige, die aus Wien kommen, sind noch unterwegs, und auch ein paar andere mit Autos haben es noch nicht geschafft. Macht nichts. Die werden schon kommen – wir fangen an.

08.30 Uhr *Teambesprechung*

Zur Abwechslung beginne ich einmal mit meinem Teil. Ich begrüße alle und stelle erstmals die wichtigen Personen vor: unseren Priester, die Küchenchefin und den *Kofferbock*. Und nicht zu vergessen: unsere Ärzte. Unser Arzt begleitet uns jetzt bereits zum vierten Mal. Eine junge Ärztin ist neu dabei. Dann gebe ich eine kurze Pflegeeinweisung – alles, was man zu Medikamenten, Essen, Trinken etc. wissen muss, um nicht gleich am Anfang zu verzweifeln. Das meiste ist einfach *learning by doing*.

Schließlich versuche ich, dem Team die Kinder, die wir bald in Ulm in Empfang nehmen werden, noch mal wirklich ans Herz zu legen. Dabei greife ich den „Herrengedanken", den Philipp Boeselager geprägt hat, auf: Wir sind auf einer Pilgerfahrt und die Kranken, die wir begleiten, sind unsere Herren, da wir in jedem von ihnen Christus sehen sollten und ihm so begegnen. So bedeuten unsere Kinder für uns einen besonderen Zugang zu Gott. Wenn wir es zulassen! Denn wenn man sich öffnet und vollständig auf die Kinder einlässt, dann kann man unglaublich reich beschenkt werden. Gleichzeitig ist jedes Teammitglied für sein Kind auch eine Art Sprachrohr. Indem wir für unser Kind beten, es im Gebet Gott hinhalten, werden wir zu einem Art Vermittler. Ich weiß, dass das jetzt für die meisten noch sehr theoretisch klingt, in der kommenden Woche aber sehr praktisch werden wird.

Dann werden *Schutzengel* zugeteilt: Jeder Frischling bekommt einen Schutzengel, ein Mitglied aus dem Team, welches schon in Lourdes gewesen ist und an das er sich wenden kann, damit er nicht verlorengeht…Tatjana bekommt Tassilo. Als ihre Namen aufgerufen werden, grinst der sie kurz an und nickt ihr zu. Er ist schon ein paar Mal mit dem Kinderzug in Lourdes gewesen und kennt sich aus. Tatjana lächelt schüchtern zurück. Sie wird sich ja doch nicht trauen, irgendwelche Fragen zu stellen…

Während er nur mit halbem Ohr der Einführung folgt, betrachtet Tassilo das Foto seines Kindes. Das Bild ist aus dem sogenannten *Pflegebüchlein*, das man für die Woche überreicht bekommt, kurz nachdem man in Tannheim angekommen ist. In dem Büchlein findet sich, neben der Beschreibung des Kindes, das ganze Programm: die Diensteinteilung, die Gebete und Lieder für die Woche. In Tassilos Exemplar ist vorne eine Abbildung eingeheftet, auf dem ein entsetzt wirkendes kleines Wesen mit verdrehten, verzweifelt schauenden Augen und einem weit geöffneten Mund voller hauerartiger Zähne zu sehen ist. Dass es ein Mädchen sein muss, schließt er aus den sogar auf der schwarzweißen Kopie gut sichtbaren großen goldenen Ohrringen. Dann steht da noch einiges über epileptische Anfälle, darüber, wie oft das Kind über seine implantierte Bauchsonde gefüttert werden muss (und mit was), wie oft man der auf diese Weise zugeführten Nahrung welche Medizin beifügen muss (erstaunlich oft) usw. Bei „Vorlieben" steht: „Klara mag es, gestreichelt zu werden."

„Na super! Und das mir" seufzt Tassilo, dem körperliche Nähe bisweilen Unbehagen bereitet, und wendet seinen Blick wieder nach vorne...

Jetzt ist mein Co-Chef Tobias dran und ich kann mich zurücklehnen. Wir teilen uns die Leitung des Zuges, ebenso wie die Organisation. Ich lasse meinen Blick über die Gesichter schweifen und präge mir unser diesjähriges Team ein. Es scheint eine gute Gruppe zu sein. Tina, blond und fröhlich, sitzt in der letzten Reihe und lacht – offensichtlich über irgendetwas köstlich amüsiert. Sie scheint immer zu lachen. Titian, der direkt neben ihr sitzt, wirkt etwas abwesend und runzelt die Stirn, als versuche er einen komplizierten Gedankengang zu entwirren. Einige blättern in ihrem Teambüchlein, lesen konzentriert die Informationen über ihr Kind und tauschen sich tuschelnd mit ihren Nachbarn aus.

Nach der allgemeinen Besprechung versammle ich noch kurz meine *Saalschwestern* um mich. Die *Saalschwestern* haben während der Woche kein eigenes Kind zu betreuen, sondern sind für kleine Gruppen, bestehend aus Teammitgliedern und Kindern, zuständig – ihre *Säle*. Das erleichtert es, den Überblick zu bewahren, und verhindert, dass irgendjemand zu kurz kommt! Außerdem sind sie ein wichtiges Verbindungsglied zwischen Tobias, mir und dem Team. Es ist unmöglich, bei den vielen Mitfahrern alle im Auge zu haben und zu wissen, wer wann was braucht.

Ich bin froh, wenigstens *einen alten Hasen*, also eine *Saalschwester* mit jahrelanger Erfahrung, dabeizuhaben. Drei der anderen haben den Job auch schon einmal gemacht. Zwei sind neu. Vier Jungs und zwei Mädchen habe ich dieses Jahr, wobei die Bezeichnung *Saalschwester* sich wie selbstverständlich auch für die Jungen mit eingebürgert hat. Wir besprechen kurz die nächsten Schritte. Am Bahnhof müssen die *Saalschwestern* mit darauf achten, dass jeder sein Kind findet, müssen Fragen beantworten und das allgemeine Chaos im Blick behalten…

10.00 Uhr   *Hl. Messe/Tannheim*

Die Messe für uns in der Pfarrkirche St. Martin in Tannheim ist kurz, aber schön. Der Priester hat gängige Lieder ausgewählt und zelebriert würdig, aber schnell. Direkt danach ist nämlich Gemeindemesse. Ein Punkt aus der Predigt bleibt Tassilo im Gedächtnis haften. Der Priester meint, man solle sich in dieser Woche immer wieder vorstellen, dass jeder von uns für Gott so ist, wie die Kinder für uns sind. Wenn wir nicht reagieren, frech sind, weglaufen, kratzen oder uns in die Hosen machen – so nimmt er uns doch an, wie wir sind. Und mehr noch: Er liebt uns über alle Maßen. Tassilo, der sich an letztes Jahr erinnert, muss grinsen. Wenn er Gott so auf die Nerven geht, wie der hyperaktive Bub, den er damals zu betreuen hatte, ihm ... dann muss Gott Nerven aus Stahl haben!

11.00 Uhr   *Abfahrt Team direkt nach Hl. Messe*

Im Bus beantworte ich verschiedene neugierige bis besorgte Fragen zu einzelnen Kindern. Insgesamt sind dieses Jahr 40 Kinder mit dabei. Alle reden aufgeregt durcheinander.

Ich habe die Kinder schon vorher kennen gelernt.

Nachdem ich sie kurz vor Ostern in ihren Heimen besucht hatte, kann ich mich jetzt auf den ganzen organisatorischen Kram konzentrieren, ohne ihn als belastend zu empfinden. Weil ich immer die Kinder vor mir sehe: Kasper mit seinem sommersprossigen, frechen Gesicht, der ständig und immer Polizei spielt; der einen mit seinen fortwährenden Fragen in den Wahnsinn treiben kann, aber mit seinem Grinsen in derselben Sekunde um den Finger wickelt. Klara, die klein und bewegungsunfähig in ihrem Rollstuhl sitzt und mit ihren unglaublich großen, schönen Augen die Welt betrachtet und einen ab und zu anstrahlt, als wäre man das Schönste, was sie je zu Gesicht bekommen hat. Oder Kenny, der mit seinem wackeligen Gang, immer einen blauen Helm auf dem Kopf, an der Hand seines Betreuers durch den Flur eilt und dabei ständig diesen durchdringenden Piep-Ton von sich gibt. Es ist – wie mein Bruder mal gesagt hat – als könne er damit den Verkehr der Engel navigieren, den nur er sehen kann und der uns verborgen bleibt. Dann noch Kevin, Kalle, Kira, Kordula und wie sie alle heißen.

Während der Vorbereitungen habe ich all diese Kinder immer vor meinem inneren Auge: ihre Besonderheiten und Eigenarten, ihre verschiedenen Behinderungen und ihre Liebenswürdigkeit. Sie sind so unterschiedlich. Manche sind so süß, dass sich sofort das Herz öffnet; andere verschlossen, pickelig und auf den ersten Blick schwierig. Aber jedes Kind – ob schön oder hässlich anzusehen, ob hyperaktiv oder an den Rollstuhl gefesselt, ob Epileptiker oder Magensondenkind – hat das Potential, einen ganz und gar gefangen zu nehmen. Und dies in erster Linie, weil sie auf einen angewiesen sind, einen brauchen – im Grunde zeigen sie uns in Lourdes, zu was wir fähig sind –, sie strapazieren unsere Nerven bis aufs äußerste, sie fordern unsere ganze Hingabe in der Pflege und Fürsorge, sie binden uns an sich und schenken uns so viel zurück. Sie zeigen uns oft die in uns tief verborgenen Gaben der Hingabe und Liebe – der Selbstlosigkeit…

Während ich noch in Gedanken versunken aus dem Fenster blicke, fahren wir auch schon in Ulm ein.

13.00 Uhr   *Ankunft der Kinder am Bahnhof*

Titian liest noch einmal den Informationsbogen über Kai durch. Auf dem Bild ist der Junge nicht gut zu erkennen. Das Gesicht wirkt sehr schmal, der Mund steht offen. Titian liest die Information: Kai ist 13, katholisch, Epileptiker und trägt immer

Windeln. Da steht, dass er manchmal zu Auto- und Fremd-
aggression neigt. Kein leichter Fall. Jetzt wird Titian doch nervös. Er wünscht sich, er hätte genauer hingesehen, als gestern
der Umgang mit den Windeln demonstriert wurde...

Tassilo wird beiseite genommen und ihm wird erklärt, dass
Klara wahrscheinlich einer der heikelsten und schwersten Fälle
ist, die in diesem Jahr mit dabei sind. Tassilo weiß, was das bedeutet. Er ist nicht das erste Mal dabei. Bis zu 24 Stunden Zugfahrt im Juni, von Ulm nach Lourdes in Zugwaggons der deutschen Bundesbahn (selbstredend ohne Klimaanlage), und man
ist wirklich für alles zuständig: also füttern, waschen, spielen,
schlafen legen, aufwecken, Medizin geben, wickeln etc. Als ihm
das durch den Kopf geht, kann er nicht leugnen, dass er auf einmal Angst hat.

Nach einer halben Stunde Leerlauf treffen am Ulmer Bahnhof dann auch schon die ersten Busse aus den Heimen ein.
Ein großer gelber Bus biegt um die Ecke, und ich kann schon
den kleinen Krümel erkennen, der sich die Nase an der Fensterscheibe platt drückt. Er sabbert die Scheibe voll und schaut
uns aus seinen kleinen Schlitzaugen neugierig an. Er ist neun
Jahre alt, aber sehr klein für sein Alter. Dann winkt er. Ich
winke zurück und eine innere Freude, verbunden mit Aufregung, quillt in mir auf:
    Jetzt sind sie da.
    Jetzt geht es los.

Das Team rottet sich am Bürgersteig unweit vom Bus zusammen und schaut eher ängstlich dem Bus entgegen. Zumindest
die Neuen. Ich erinnere mich noch gut an mein erstes Mal,
als ein etwa zwölfjähriger Wirbelwind mir aus dem Bus ent-
gegenstürmte und die damalige Chefin nur zu mir meinte:

„Der ist deiner für die Woche."

Ich hinter ihm her, weil sich herausstellte, dass er nicht umsonst vier Ausrufezeichen auf dem Namensschild hatte. Das steht für Weglauftendenz!!!! Na prima.

Den Schock der ersten Begegnung kann ich auch meinen Neuen nicht ersparen.

Ich steige erst mal in den Bus und begrüße die begleitende Schwester. Sie ist eine Ordensschwester in schwarzem Habit. Sie ist Betreuerin im Heim und fährt schon zum wiederholten Mal mit uns mit. Kasper hüpft schon aufgeregt auf seinem Sitz und will aussteigen. Er kann es kaum erwarten. Also nehme ich das sommersprossige Frechgesicht mit raus und drücke ihn jemandem in die Hand, der da so steht… sein eigener Betreuer ist im Kofferteam damit beschäftigt, Kisten auf dem Bahnsteig zu stapeln, und gerade nicht abkömmlich. Kasper macht das nichts aus – er schwätzt gleich los, will Polizei spielen oder schnell mal eine Baustelle ausheben und hat keinerlei Berührungsängste. Er kennt Lourdes bereits vom vorletzten Jahr und kann es kaum erwarten, in den Zug zu steigen.

Nach und nach hole ich mir die einzelnen Teammitglieder und führe sie mit den Kindern zusammen. Titian nähert sich etwas verhalten Kai, der an der Hand der Schwester aus dem Bus steigt. Der Bub beißt sich in den linken Handrücken und schlägt sich mit der anderen Hand aufgeregt gegen den Kopf. Titian ist total verunsichert, aber die Schwester erklärt ihm ruhig, dass man Kai an der Hand nehmen muss, da er sonst umfällt. Das Schlagen und Beißen käme von der Aufregung. Kein Grund zur Sorge. Also nimmt Titian Kais schwitzige Hand und bleibt sicherheitshalber erst mal in der Nähe der Schwester.

Tanja lernt Kordula kennen, die störrisch den Bus erst mal nicht verlassen will, und Tina führt Kalle, dem es nicht schnell genug gehen kann, aus dem Bus. Theodor entfährt ein erstauntes: „So klein ist meiner", als er den siebenjährigen Kenny zum ersten Mal sieht. Und Tatjana ist vor Aufregung den Tränen nahe, und so bleibe ich erst mal ein paar Minuten bei ihr, um sie zu beruhigen.

„Oje", denkt Tatjana, als die Busse um die Ecke biegen, und wünscht sich, sie wäre zu Hause geblieben. Ihr ist regelrecht schlecht vor Angst. Sie holt tief Luft und hofft inständig, dass sie nicht anfangen muss zu weinen. Da kommt auch schon jemand auf sie zu und sagt, ihr Kind sei da. Tatjana weiß, dass das Kind Kira heißt. Kira ist taub, sieht nichts und reagiert hauptsächlich auf Berührung. Ein ziemlich großes Kind. Tatjana ist erst mal komplett überfordert, als das blinde, dunkelhäutige Mädchen aus dem Bus stolpert. Die Chefin nimmt ihre Hand und legt sie behutsam in die Hand von Kira. Sie redet ungezwungen mit Kira, obwohl diese, nach dem Pflegebüchlein, beinahe taub ist.

Ein Betreuer aus dem Heim, der die Kinder an den Bahnhof begleitet hat, stellt sich zu ihnen und erklärt Tatjana ein bisschen, wie man mit Kira umgehen kann. Ihre rundliche, dunkle Hand hat sich fest um Tatjanas Arm geschlossen, und sie wiegt ihren Oberkörper hin und her... Tatjana kann den Blick nicht von dem Gesicht des Mädchens nehmen und hört kaum, was der Betreuer ihr sagt. Kira, die beinahe so groß ist wie Tatjana, hat dunkle Haut und ihre blinden Augen scheinen einen aus Schlitzen heraus anzusehen. Aus dem einen Auge rinnt ein bisschen Eiter. Das schaffe ich nie, denkt Tatjana. Das schaffe ich nie und nimmer. Aber bevor sie ihrer Angst Luft machen kann, kommt Tassilo, der bereits Klara vor sich herschiebt, und nimmt Kira behutsam an der anderen Hand. Er wendet sich an Tatjana: „Komm, wir wandern schon mal hinüber zum Hotel. Da sammeln sich alle. Alles in Ordnung?"

Nichts ist in Ordnung, schießt es Tatjana durch den Kopf, aber sie nickt, murmelt: „Dann mal los", und setzt sich in Bewegung. Die Busse mit den Kindern sind bei der Laderampe des Bahnhofs angekommen. Alle sammeln sich im Bahnhofshotel, welches sich am anderen Ende befindet. Kira läuft schwankend neben Tatjana und wirft den Kopf unruhig hin und her...

Klara sitzt in einem sehr kleinen Kinderwagen-Rollstuhl, den Kopf zur Seite geneigt und ins Leere blickend. Tassilo schiebt. Sie hat den Mund leicht geöffnet, so dass man die beiden Reihen unregelmäßiger Zähne sehen kann, die Tassilo schon auf dem Foto beeindruckend fand. Er hat gehört, dass Klaras Mutter während der Schwangerschaft einen unbemerkt gebliebenen Infekt gehabt hatte, der sich auf das ungeborene Kind so ausgewirkt hat, dass es schwerstbehindert zur Welt kam. Klara kann nicht selber schlucken (deswegen die Magensonde), sie kann nicht sprechen und nicht laufen. Sie ist 7 Jahre alt und lebt bereits seit einigen Jahren in einem Pflegeheim für behinderte Kinder, da ihre Mutter mit der Pflege überfordert war. Die winzige Klara vor sich in ihrem Kinderwagen und Tatjana mit Kira an der Seite, macht er sich auf zum Hotel, wo sich alle versammeln, während sie auf den Zug warten.

Mittlerweile sind auch schon die Busse aus dem anderen Heim angekommen. Das Kofferteam arbeitet unterdessen schnell und effektiv unter Stephans geübter Anleitung. In systematischer Anordnung werden Koffer und Material so am Bahnsteig aufgebaut, dass sie schnellstmöglich eingeladen werden können, wenn der Zug einfährt. Meist bleibt dann wenig Zeit. Wir anderen sammeln die Kinder zusammen, nehmen noch letzte Informationen von Eltern und Heimbegleitern entgegen und wandern zum Hotel.

Im Hotel heißt es erst mal einander kennenlernen. Tassilo sitzt Klara gegenüber. Sie hängt zusammengesackt in ihrem kleinen fahrbaren Untersatz und blickt regungslos neben sich auf den Boden. Er erinnert sich an den sicher gutgemeinten Tipp aus seinem Pflegebüchlein, dass Klara so gerne gestreichelt werde. Pflichtschuldig nimmt er also ihre wirklich sehr kleine Hand, und streichelt sie ein wenig. Währenddessen versucht er, das in sich aufsteigende Gefühl schweren Unwohlseins zu überspielen, indem er Sachen sagt wie:

„Hallo Klara, ich bin der Tassilo."

„Das sind aber schöne Ohrringe."

„Ist dir warm? Mir auch!"

„Gleich geht's los!"

Da Tassilo kein großer Schmuser ist bzw. da er sich schwer tut, Gefühle durch Berührung auszudrücken, ist Klara eine echte Herausforderung für ihn. Umarmungen sind für ihn grauenhaft und übertriebene Zärtlichkeiten sind ihm körperlich unangenehm. Seine Mutter behauptet, er sei als kleiner Junge besonders liebesbedürftig gewesen — aber davon ist nicht mehr viel übrig. Innerlich ein bisschen erleichtert, verabschiedet er sich dann von Klara, weil er fürs Kofferteam eingeteilt ist, und stürzt sich leidenschaftlich in diese Arbeit. Aber die Gnadenfrist währt nicht lange...

Ich beobachte, wie die einen schneller, die anderen langsamer Zugang zu ihrem Kind suchen und finden. Die reine Aktion – sprich: dem Kind etwas zu essen und zu trinken zu geben – senkt schon die ersten Hürden. Ernsthafte Schwierigkeiten kann ich jedoch keine erkennen. Tatjana gibt Kira etwas zu trinken, wobei sie ihr mit einer Hand über den Rücken streichelt. Kira scheint das zu mögen, und Tatjana scheint ihre erste Angstwelle überwunden zu haben. Sie wirkt jedoch immer noch sehr verhalten und unsicher.

Spätestens auf der Zugfahrt werden alle Hemmungen fallen. Ich wandere von einem zum anderen und freue mich über das aufgeregte Geplapper. Die ersten werden schon gefüttert und auch die erste Windel muss bereits gewechselt werden. Ich eile auf dem Bahnsteig nach vorne, um aus meiner Kiste die Ersatznamensschilder zu holen. Ein paar Namensschilder von den Kindern sind im Heim vergessen worden.

Meine Unruhe hat sich mittlerweile weitgehend gelegt. Alle Kinder sind angekommen und jedes hat einen Betreuer gefunden. Meine Saalschwestern haben den Überblick über ihre kleinen Trüppchen. Und so entspanne ich mich und unterhalte mich noch mit Eltern, die ihre Kinder an den Bahnhof begleitet haben…

13.30 Uhr   *Reisesegen*

Nachdem der Zug pünktlich ist, versammeln sich alle in der Hotel-Lobby zu einem Reisesegen. Tassilo beugt sich über Klaras Rollstuhl und singt nahe an ihrem Ohr. Das kleine Mädchen hat die Augen weit aufgerissen, zeigt aber sonst keine Regung. Das engelsblonde Haar umrahmt ihr kleines Gesicht, und ab und zu schmatzt sie ein bisschen vor sich hin. Tassilo streicht ihr über die kleine Hand. Ganz zart ist die Haut. Er hat keine Ahnung, was bei dem Kind ankommt, ob sie überhaupt begreift, was hier geschieht. Und obwohl er weiß, dass sie nicht viel sieht, hält er das Liederbuch vor ihre Augen. ,Wenn ich an diesen Rollstuhl gefesselt wäre und mich nicht rühren könnte, dann wäre ich auch froh, wenn man mich einbezieht', denkt er bei sich. Gleichzeitig kommt er sich dabei ziemlich bescheuert vor...

Unser Priester schafft es erstaunlich gut, die Aufmerksamkeit der Kinder auf sich zu ziehen. Es wird „Herr, wir bitten, komm und segne uns" gesungen, er segnet alle und dann geht es ab

zum Zug. Auf dem Gleis herrscht erst mal das übliche Chaos:
„Wo ist mein Abteil??"
„Ich habe meinen Rucksack vergessen."
„Ich muss aufs Klooo."
Und im unverkennbar schwäbischen Dialekt der Kinder klingt immer wieder ein „Schweschto…" über den Bahnsteig.

14.00 Uhr   *Ankunft des Zuges in Ulm*

Dann rollt der Zug ein. Ein gewöhnlicher Liegewagen, mit einem Waggon für die Kinder, einem fürs Team, einem Gesellschaftswagen und einem Gepäckwagen. Jetzt wird es hektisch: Kinder einladen, Rollstühle zum Verstauen nach hinten zum Gepäckwaggon, Kinder zählen, noch mal schnell in den Hotelklos checken, dass keiner zurückbleibt, noch einmal durchzählen. Mit beiden Händen vergessene Rucksäcke aufsammeln – und los…

Schließlich sind alle drin, das Gepäck ist verstaut und ich atme erleichtert auf. Die Kinder drängen sich in ihren Abteilen, das Team versucht sich zu orientieren. Schon muss wieder einer aufs Klo – jeder Waggon hat nur zwei enge Toiletten und zwei winzige Nischen mit je einem Waschbecken drin. Auf dem schmalen Gang ist kaum mehr ein Durchkommen möglich. Am Bahnhof ist nichts vorgefallen – kein Kind wollte sich zwischen Bahnsteig und Zug werfen (was auch schon vorgekommen ist), keine hysterischen Anfälle, keine restlos überforderten Teammitglieder… Alles läuft ziemlich reibungslos. Der Zug rollt an.

14.40 Uhr   *Abfahrt des Zuges*

Die Kinder, die laufen können, hängen sich aus den Fenstern, johlen und winken ihren Eltern und den Heimbegleitern zu.

Der lange neunzehnjährige Kilian wird seinen Platz am Fenster die ganze Fahrt über nur zum Essen verlassen – zu sehr fasziniert ihn die vorbeiziehende Landschaft und vor allem der Gedanke, ein ICE könnte an uns vorbeisausen. Er hat eine ausgeprägte Leidenschaft für Schnellzüge. Er streckt das picklige Gesicht in den Fahrtwind.

Die kleinen Buben – Kasper, Kajetan und Kasimir – beginnen bereits, das Territorium zu erkunden. Nicht zum letzten Mal sehe ich Tina hinter dem ständig sabbernden Schlitzohr Kalle den Gang auf und ab wandern. Die Rollstuhlfahrer werden mithilfe von Kissen gemütlich gelagert, eine spezielle Trinkflasche muss noch besorgt werden, und alles in allem ist es das übliche Gewusel. Nachdem ich eine kurze Runde durch alle 10 Kinderabteile gemacht habe, überlasse ich Helfer und Kinder erst mal sich selbst und wandere in den Gepäckwaggon. Und was für einen prachtvollen Gepäckwaggon wir dieses Jahr haben! Alle Kisten, Windeln und Koffer sind schön verstaut und aufgeräumt und das verschwitzte Kofferteam gönnt sich Bier und Zigaretten.

Sie haben es verdient. Ich checke kurz mein Windellager und gestatte mir dann auch eine Zigarette. Onkel Titus hat sich hier bereits niedergelassen, und man wird ihn die gesamte Fahrt an seinem Platz im Gepäckwaggon finden – immer mit wechselnden Gesprächspartnern. Herrlich! Das hat auch einen Grund – hier im Gepäckwagen können alle Teammitglieder ausspannen und auch rauchen, da die Kinder keinen Zugang haben. Onkel Titus, selbst Kettenraucher, ist ein willkommener Anlaufpunkt für viele, die es genießen, in ihrer Pause mit ihm ins Gespräch zu kommen.

Immer noch eilt Tina hinter Kalle den Gang hinunter. Der hat großen Bewegungsdrang. Eifrig wandert er an den Abteilen vorbei, bleibt ab und zu stehen und schaut hinein, wobei er eine Sabberspur auf dem Glas hinterlässt. Schon jetzt ist Tina klar, dass ihr Bub nicht nur neugierig, sondern auch ziemlich frech ist. Bereits zweimal hat er versucht, einem anderen Kind das Spielzeug aus der Hand zu reißen. Das macht er am liebsten – mit dem Spielzeug anderer spielen. Sprechen kann er nicht, aber mit Lauten macht er ziemlich deutlich, was er möchte. Dabei läuft ihm unaufhörlich Speichel das Kinn hinab. Die Zugfahrt hat gerade erst begonnen und schon muss Tina das erste durchtränkte Lätzchen wechseln. Zum Glück ekelt sie sich nicht so schnell. Und Kalle hat wirklich ein süßes Gesicht – mit seinen großen braunen Augen und seinem blonden Haarschopf, der wie eine Bürste vom Kopf absteht. Als er sich neben Kilian stellt und den Kopf aus dem Fenster des langsam anfahrenden Zuges steckt, stellt sie sich hinter ihn. Er lacht gurgelnd und hämmert mit der Hand an die Scheibe. Tina muss ebenfalls lachen...

16.00 Uhr   *Jause für das Team in zwei Schichten*

Ich kontrolliere den Windelschrank, ein fester Bestandteil meiner Routine diese Woche, und wandere wieder durch die Abteile. Im Windelschrank findet das Team alles, was es zur Pflege der Kinder benötigt. Neben Windeln aller Größen sind da auch Wickelunterlagen, Waschlappen, Feuchttücher, alles, vom Ersatz-Deo bis zur – Zahnbürste…

Mittlerweile ist etwas Ruhe eingekehrt. Einige aus dem Team sind nach vorne gegangen, wo es eine Stärkung für sie gibt. In jedem Fall Kaffee und ausreichend Schokolade. Jeweils zwei oder drei Teammitglieder bleiben mit den Kindern in den Abteilen. Dann ist irgendwann Schichtwechsel. So kommt hoffentlich jeder zu seiner Pause. In den Abteilen hört man Kassettenrekorder, Unterhaltungen – es wird gekuschelt, gealbert oder zwischendurch auch gewickelt, und es gibt:

16.00 Uhr *Jause für die Kinder in den Abteilen*

Jause ist immer gut. Einer vom Küchenteam macht sich auf den Weg durch die Abteile und verteilt Säfte, Kekse und Hipp-Gläschen. Karima, ein dunkelhaariges Mädchen mit immer roten Wangen, macht dem Krümelmonster alle Ehre – das Abteil sieht bereits aus wie ein Schlachtfeld. Aber sie kaut zufrieden auf ihrem Keks herum. Ihr Betreuer für die Woche, Till, steigt erst in Freiburg zu, was eine absolute Ausnahme ist, weil eigentlich alle Teammitglieder vorher zusammenkommen. Ich bin gespannt, ob sie sich an ihn erinnern kann. Vor zwei Jahren waren sie ein Spitzenteam. Seitlich schiebe ich mich durch den vollen Gang. In einem der Teamabteile stoße ich auf Theodor und den siebenjährigen Kenny, die sich gerade miteinander anfreunden und sich aus dem Trubel in den hinteren Waggon zurückgezogen haben. Ich setze mich ein bisschen dazu.

Kenny, mit seinem blauen Helm auf dem Kopf, hat ein Spielzeug in den Händen – einen kleinen Schlauch mit zwei blauen Wäscheklammern. Mit endloser Geduld kann er die Klammern lösen und am anderen Ende wieder festmachen. Er hat einen sehr wackeligen Gang und ist leicht autistisch. Theodor versucht, noch etwas zurückhaltend, herauszufinden, was Kenny alles versteht. Er weiß nicht genau, was er mit dem kleinen Mann anfangen soll. Also zeigt er auf das Spielzeug und fragt:
„Was ist das?"
Als Antwort kommt nur trocken aus dem Kindermund:
„'n Schlauch!"
„Und das?"
Theodor zeigt auf die Wäscheklammern.
„Wäscheklammern" kommt ebenso trocken über Kennys Lippen.

Wir müssen beide lachen. Klare Ansage. Bescheuerte Frage. Kenny versteht eigentlich alles. Er ist ein schlaues Kerlchen. Bei jedem, der reinkommt fragt er: „Und wer isch des?", wobei er mit seinem kleinen Finger in die Richtung deutet. Lässt man ihn raten, kommt schnell heraus, dass er alle ganz gut einordnen kann. Man weiß nie genau, ob seine großen Augen einen direkt ansehen, weil er schielt – aber wunderschöne Augen hat er mit Wimpern, die manches Mädchen vor Neid erblassen lassen würden!

Schließlich entdeckt er meine Strumpfhose und kann die Finger nicht mehr davon lassen – dafür hatte er schon in den letzten Jahren ein Faible. Als seine kleine Hand an meinem Bein nach oben wandert, kitzle ich ihn und er bricht in lautes Gelächter aus. Er hat ein ansteckendes, freches Lachen. Als Theodor ihm sein haariges Männerbein anbieten möchte, wird er mit Verachtung gestraft! Nix geht über glatte Mädchenbeine in Feinstrumpfhosen…

18.00 Uhr *Kinderabendessen*

Zum Kinderabendessen kommen alle mobilen Kinder in den Gesellschaftswagen. Auf die verschiedensten Arten wird nach vorne gewandert. Mal langsamer, mal schneller. Hier wird ein Mädchen von hinten gestützt, die nur mit Hilfe gehen kann; dort wird ein Kind an seinen kleinen verkümmerten Ärmchen von vorne geführt. Tina hält Kalle davon ab, Kenny zu ärgern, der sicherheitshalber von Theodor getragen wird. Jedes Teammitglied ist noch dabei, den Rhythmus seines Kindes zu erlernen. Ob bewusst oder unbewusst, haben die Einzelnen jedoch bereits einen Beschützerinstinkt für „ihr" Kind entwickelt. Die hyperaktiven, kleinen Buben drängeln und schubsen und stellen schon mal die Nerven ihrer Betreuer auf die Probe. Beide Seiten sind aber bester Laune. In dem geräumigen

Gesellschaftswagen hat das Kofferteam Bierbänke und Tische aufgestellt, an denen alle Platz finden. Unter Trixis Anleitung hat das Küchenteam bereits alles vorbereitet, was in der winzigen Zugküche kein Kinderspiel ist. Immerhin wollen hundert Menschen satt gemacht werden. Nicht zu vergessen die zahlreichen Sonderwünsche. Und das Ganze wird noch erschwert durch die schwankenden Bewegungen des Zuges oder wenn er sich in die Kurve legt. Die Suppe, die schon fertig in den Zug mitgenommen wurde, ist noch warm und die Kinder verschlingen sie gierig.

Titian ist verzweifelt, weil Kai weder trinkt noch isst. Immerhin hat er mittlerweile aufgehört, sich mit der Hand selbst auf den Kopf zu schlagen. Mit Hilfe der Heimbegleiter bekommt er wenigstens seine Medizin verabreicht. Das ist nicht schön mit anzusehen: Kais Kopf wird dabei nach hinten gebeugt und die Medizin in den Hals geschüttet, so dass er schlucken muss. Die Begleiter aus dem Heim machen das schnell und mit geübtem Griff, aber für Titian ist es ein furchtbarer Anblick. Leider muss es sein.

Bei der ganzen Aufregung ist das kein Wunder und noch kein Grund zur Sorge, beruhigt ihn die Schwester, die die Kinder gut kennt. Dass der Bub jetzt nichts essen möchte, macht Titian trotzdem Sorgen. Kais Blick irrt durch den Raum, ohne dabei etwas Bestimmtes anzusehen. Er sitzt nur da, auf der Bierbank am Fenster, und beißt sich selbst immer wieder in die Hand. Titian versucht ihn davon abzuhalten, was nur gelingt, wenn er seine Hand beständig festhält. Er weiß nicht, was er falsch macht. Er hat ihm schon alles Mögliche angeboten, aber Kai verweigert sich mit sturem Blick. Dabei beißt er die Zähne fest zusammen und dreht immer den Kopf zur Seite...

Beim Essen wird geschmatzt, gekleckert und auch mal herzhaft gerülpst. Die Kinder, die nicht nach vorne kommen können, bekommen ihr Abendessen ins Abteil gebracht. Trixi und ihr Küchenteam kochen, werkeln, bereiten Sondennahrung, gehen auf alle Extra-Wünsche ein und strahlen eine herrliche Ruhe und Gelassenheit aus. Ich nutze die Gelegenheit, dass der Gang hinten weitgehend leer ist, um den Windelschrank wieder voll zu machen, und nehme Klaras Sondennahrung mit nach hinten. Ich reiche den Brei Tassilo ins Abteil und muss noch einmal nach vorne, da die Windeln in Größe vier bereits knapp werden.

Tassilo sitzt mit Klara momentan alleine im Abteil, da Titian und die anderen mit ihren Schützlingen zum Essen gegangen sind. Beim Einladen hat er sie getragen und musste gegen ununterbrochene Fantasien ankämpfen, was passieren könnte, wenn der Schlauch irgendwo hängen bleiben würde: Loch im Kinderbauch, Panik, ...Gott sei Dank ist alles gut gegangen. Die Sonde ist noch drin. Er hat das Kind neben sich auf den Zugsitz gesetzt, mit einem Kissen so hindrapiert, dass es nicht beim ersten Ruck herunterfallen kann. Er macht wieder seinen Fingerstreicheltrick mit ihrer Hand und gibt wie vorher schon Sinnlosigkeiten von sich, während er immer und immer wieder das Pflegebuch studiert: 18.00 Uhr Abendessen. Medizin nicht vergessen. BLOSS nichts vergessen...

Pünktlich um 18.00 Uhr füllt er eine große Spritze mit einem ziemlich flüssigen Brei, fügt diesem die vorgeschriebene Dosis Medikamente bei, verbindet die Öffnung der Spritze mit dem dafür vorgesehenen Loch im Schlauch der Sonde und spritzt ihr das pürierte Essen nach und nach hinein. Genau wie die Schwester es ihm vorher demonstriert hat. Er hört sich in seinem unaufhörlichen Gebrabbel sagen: „Hmmmm, das ist gut, gell!", und hat ein entsetzlich schlechtes Gewissen dabei. Klara nimmt ihre Fütterung, wie Tassilo es in Gedanken nennt, wie auch alles andere bisher Geschehene vollkommen teilnahmslos hin. Aber kurz bevor Tassilo den letzten Rest Brei in ihren Bauch hineingedrückt hat, tut sie auf einmal doch etwas. Sie reißt ihre sowieso schon sehr großen Augen weit auf und kotzt dann mit lautem Würgen etwa dieselbe Menge Brei, die er gerade durch die Sonde direkt in ihren Magen befördert hatte, wieder aus. Komisch, dass ihm das mit ihren schönen Augen erst in diesem Moment aufgefallen ist – davor hatte er nur bemerkt, dass sie ein wenig gelbes Zeug in den Augenwinkeln hatte, was er eklig gefunden hat. Während Titian, der mit Kai gerade wieder das Abteil betreten hat, ihm leicht angeekelt hilft, das Desaster zu beseitigen, wischt Tassilo erst das Kind und dann sich selbst ab – wobei man sagen muss, dass er deutlich mehr abbekommen hat.

19.00 Uhr *Kinderabendpflege*

Jetzt geht es ans Wickeln, Katzenwäsche, Zähneputzen und die Kinder bettfertig machen. Dieser sonst so normale Vorgang wird im Zug zum Kunststück. Die Liegen, auf denen die Kinder gewickelt werden müssen, sind nicht besonders breit und man kann nur von einer Seite herantreten. Zudem ist man ja nicht alleine im Abteil. Die Kloräume sind so klein, dass es akrobatische Höchstleistungen erfordert, ein Kind, das kaum mithelfen kann, aufs Klo zu setzten, es zu säubern und wieder anzuziehen. Tatjana hat es nur mit Mühe geschafft, Kira durch das Gedränge auf dem Gang zu lotsen. Jetzt steht sie mit dem blinden Mädchen, das ihre Hand nicht loslässt, im Kloraum und hat den Waschlappen vergessen. Also versucht sie, Kira dazu zu bewegen, sich aufs Klo zu setzen. Da weder Kira noch Tatjana als zierlich zu bezeichnen sind, ist das eine schweißtreibende Angelegenheit. Schließlich sitzt Kira, und Tatjana eilt weg, um das vergessene Zeug aus dem Abteil zu holen. Als sie wieder beim Klo ankommt, hat Kira sich hingestellt und hält das Gesicht in das bisschen Wind, das durch den Schlitz des geöffneten Fensters kommt. Was im Klo hätte landen sollen, rinnt ihr die Beine hinab. Tatjana ist den Tränen nahe. Das Mädchen tut ihr leid, und sie hat das Gefühl, total zu versagen. Wie soll sie dieser Schweinerei bloß Herr werden? Zu ihrer maßlosen Erleichterung kommt in diesem Moment ihre Saalschwester vorbei. Diese sieht ihre Not und packt mit an. Gemeinsam machen sie Kira sauber, wobei sie sich abwechselnd in den winzigen Kloraum zwängen. Dem Mädchen scheint das Ganze wenig auszumachen. Es stinkt unerträglich und Tatjana ist schweißgebadet, aber schließlich ist Kira wieder sauber und sogar schon im Schlafanzug, den die Saalschwester herbeigezaubert zu haben scheint. Leicht zittrig, aber auch ein bisschen stolz, steuert Tatjana ihren Schützling zurück ins Abteil...

Klara liegt ziemlich schief und noch bleicher und elender als vorher auf ihrem Kissen. Um sie ein wenig aufzuheitern, nimmt Tassilo sie auf den Schoß, wippt ein wenig mit den Knien hin und her und erzählt ihr, dass er Kotzen auch besonders ungern hat und deswegen genau weiß, wie sie sich jetzt fühlt. Es ist heiß, es riecht nach Erbrochenem und Tassilo ist mit der gesamten Situation völlig überfordert. Und sein Gewissen wird noch schlechter durch die Erkenntnis, dass er sie wohl einfach viel zu schnell „gefüttert" hat. In Klaras Gesicht ist die Teilnahmslosigkeit nun einem Ausdruck ziemlich großen Elends gewichen. Sie macht vor lauter Unbehagen sogar ein kleines, durchgehendes Geräusch, eine Art Greinen. Ein Albtraum. Tassilo kann sich nicht erinnern, sich je so hilflos gefühlt zu haben. Auf einmal ruckelt der Waggon, und das Kind, das gerade noch auf seiner äußersten Kniespitze gesessen hat, liegt plötzlich an seiner Brust. Doch als er es gerade wieder zurück ans Ende seiner Knie schieben will, fällt ihm auf, dass das Greinen weg ist. Das Kind scheint ziemlich zufrieden zu sein. Erstaunlich. Also belässt er es dabei. Er legt seinen Arm um den kleinen, zerbrechlichen und sehr hilflosen Körper. Das Kind schläft fast augenblicklich ein. Tassilo hält Klara noch eine ganze Weile im Arm, bevor er sie behutsam auf ihre Liege bettet. Sie wacht dabei nicht auf...

Die anderen Kinder sind alles andere als müde und nur die wenigsten werden in dieser Nacht schlafen. Zu aufregend ist es, aus dem Fenster zu schauen, Quatsch zu machen und sich gegenseitig wachzuhalten. Ich weise die Nachtwache ein, schiebe mich durch den Gang und bin ziemlich zufrieden mit allem, was ich sehe. Drei Teammitglieder sind für die Nachtschicht eingeteilt. Sie schreiben sich in einem eigenen Buch genau auf, was es zu den einzelnen Kindern zu wissen gibt. Dann wird mir ein kurzer, aber heftiger Schrecken eingejagt, als unsere Ärztin mich beiseite nimmt und berichtet, Kordula hätte fälschlicherweise das Epilepsiemittel von Kira verabreicht bekommen. Kurz beratschlagen wir, was das bedeuten kann. Gott sei Dank ist es nicht weiter tragisch. Kordula wird die Nacht tief und fest schlafen. Sie muss beobachtet werden, aber nur im ungünstigsten Falle kann das Mittel für sie negative gesundheitliche Folgen haben. Kira hat bereits Ersatz bekommen. Ich beruhige also ihre Betreuerin Tanja, die ziemlich durcheinander ist, und beobachte Kordula, die tatsächlich schnell müde wird und auch am nächsten Morgen noch reichlich belämmert durch die Gegend wandert... aber halb so schlimm. Schließlich sind alle in Schlafanzügen, an einigen Liegen muss ein Rausfallschutz befestigt werden, damit die Kinder nicht herunterfallen. Die letzten wollen noch etwas zu trinken oder müssen aufs Klo...

20.00 Uhr *Abendgebet / Beginn Nachtwache*

Unser Priester begibt sich in die Abteile, betet und singt mit den Kindern. Ich versuche bei ein paar Abendgebeten dabei zu sein. Das ist immer ein schöner Moment. Die meisten Kinder bauen schnell eine Verbindung zum Priester auf, hören ihm gerne zu und lassen sich ein Kreuzchen auf die Stirn machen. Einige kennen Lieder aus ihren Heimen und singen inbrünstig, andere können das *Vaterunser* mitsprechen. Wieder andere liegen einfach nur da, und man weiß nicht, was sie erreicht. Die Erfahrung zeigt, dass bei den Kindern viel mehr ankommt, als man meint. Aus den Heimen weiß ich, dass viele der Kinder etwas vom dem, was sie in dieser Woche erleben, mitnehmen. Schon der vertraute Klang eines Liedes oder eines Gebetes kann etwas in ihnen auslösen. Dass wir manchmal keine Reaktion sehen, bedeutet nicht, dass es keine gibt. Diese Erkenntnis habe ich auch mit in mein alltägliches Leben genommen. Es ist wie mit dem biblischen Gleichnis vom Sämann: Oft säen wir, durch ein Wort oder eine Tat, aber die Ernte einfahren wird vielleicht jemand anders. Das bedeutet jedoch nicht, dass wir das Säen einstellen dürfen. Im Gegenteil. Im Umgang mit unseren Kindern auf dieser Reise habe ich gelernt, dass es unendlich schön sein kann zu geben – auch ohne sichtbar etwas zurückzubekommen.

20.30 Uhr *Teamabendessen*

Schließlich werden alle Kinder der Nachtwache übergeben. Drei Teammitglieder sind ab jetzt verantwortlich für die Kinder. Nach und nach begibt sich das Team dann nach vorne. Es gibt Essen und bei den Kindern tritt mehr oder weniger Ruhe ein. Die Nachtwache wird alle Hände voll zu tun haben. Einige Kinder müssen nachts gewickelt werden und andere wollen gar nicht die Augen schließen. Die kleinen Buben hängen sich erschreckend weit aus dem Fenster, aber als ich androhe, es abzuschließen, halten sie sich dann doch zurück. Alles in allem läuft es gut an. Das Team versammelt sich zum Abendessen im Gesellschaftswagen und entspannt sich langsam. Erste Anekdoten fliegen durch den Raum, und so mancher ist erleichtert, die ersten Stunden so gut hinter sich gebracht zu haben. Tobias und ich gehen dann kurz die Nachtwache ablösen, damit diese Teammitglieder zum Essen gehen können. Es ist noch reichlich viel los in den Kinderabteilen. Der elfjährige Kajetan muss alle fünf Minuten aufs Klo, Katinka hat ihre Windel im Abteil verteilt und fragt ständig, ob sie brüllen darf – ziemlich pubertär für ihre 12 Jahre. Kai sitzt auf seinem Bett, beißt sich in die Hand und starrt aus dem Fenster. Kalle versucht dauernd, von seiner Liege zu klettern, und Klara ist aufgewacht und weint, ohne dass ich den Grund dafür ausmachen kann. Ich setze mich eine Weile an ihre Liege und streichle ihre Hand. Schließlich wird sie ruhiger.

Wir versuchen für Ruhe zu sorgen, was misslingt. Schließlich kommt die Nachtwache vom Abendessen zurück und wir überlassen ihr die erste Wickelrunde. Vorne sitzen alle noch gemütlich beisammen. Jeder erzählt von seinem Kind. Tatjana scheint ihre Angst überwunden zu haben und erzählt Tassilo stolz, dass Kira schon nach ihrer Hand gegriffen hat, damit sie ihr den Rücken krault… Manche Teammitglieder lernen sich jetzt erst richtig kennen. Irgendwann gehen dann auch die letzten ins Bett, um wenigsten ein paar Stunden Schlaf zu ergattern.

Samstag vor Pfingsten

Geschlafen habe ich kaum. Zu viel geht mir im Kopf umher, und da unser Zug nachts an einem hell erleuchteten Bahnhof steht, bekomme ich kaum ein Auge zu. Weil wir mit einem Sonderzug fahren und durch die Fahrpläne geschleust werden müssen, kommt es vor, dass wir Stunden irgendwo abgestellt werden, bevor sich wieder ein „Slot" auftut.

Schon vor dem allgemeinen Wecken bin ich wieder auf den Beinen. Katzenwäsche muss ausreichen, denn auch der Teamwaggon ist nur mit zwei winzigen Klos versehen, vor denen sich morgens schnell eine Schlange bildet. Danach bin ich hellwach und freue mich auf den Tag. Ich liebe diese kurze Zeit, wenn alle noch schlafen und ich alleine durch die Waggons pilgern kann. Ich sehe nach der Nachtwache und lasse mir einen ersten Bericht geben. Wie zu erwarten, haben einige Kinder keine Sekunde geschlafen. Kasper lugt bereits neugierig aus seinem Abteil. Die Nachtwache hatte alle Hände voll zu tun, aber es gab keine Notfälle. Ich fülle den Windelschrank für die Morgenpflege wieder auf und gehe dann einen Kaffee trinken. Im Gepäckwaggon treffe ich auf unseren Arzt, der seine erste Zigarette beim Kaffee genießt und dankbar ist, nicht angesprochen zu werden. Unser Priester sitzt schweigsam am Ende des Tisches und verrichtet seine morgendlichen Gebete. Das kenne ich schon. Das ist jedes Jahr so… also setze ich mich und gehe schweigend in Gedanken den Tag durch. Wir werden früh ankommen in Lourdes. Es wird ein langer Tag werden, denke ich bei mir, während die Nachtwache den Rest des Teams aus dem Schlaf rüttelt …

05.45 Uhr   *Wecken des Teams durch die Nachtwache*

Aus den Teamabteilen gehen die Ersten in Richtung Klo, die Blicke sind starr und ein fröhliches „Guten Morgen" meinerseits wird meist nur mit einem Grunzen beantwortet. Andere räkeln sich noch in ihren Schlafsäcken und haben deutlich keine Lust aufzustehen… aber die Kinder sind bereits fit und haben keine Gnade mit verschlafenen Betreuern…

Tatjana braucht eine Weile, bis sie wach ist. Sie reibt sich die Augen und ist für einen kurzen Moment orientierungslos. Dann fällt ihr alles wieder ein. Sie ist auf dem Weg nach Lourdes... mit Kira. Der Klumpen in ihrem Magen ist etwas kleiner geworden, aber mit großer Begeisterung sieht sie dem Tag nicht entgegen, wenngleich Kira ihr keine Angst mehr einjagt. Sie scheint ein gutmütiges Mädchen zu sein. Aber Tatjana fühlt sich schrecklich unzulänglich in ihrer Nähe. Sie kann ihr nichts zeigen, weil sie blind ist, sie kann ihr nicht wirklich etwas erzählen, weil sie fast nichts hört. „Einfach lieb haben..." klingt es ihr noch von der Teambesprechung im Ohr. Das kann doch nicht so schwer sein! Alles, was sie anscheinend tun kann, ist, ihr den Rücken zu kraulen. Immerhin, denkt sie und schwingt sich von ihrer Liege, um sich in die Schlange vor dem kleinen Zugklo einzureihen.

06.00 Uhr   *Teamfrühstück*

Reichlich verpennte Gesichter versammeln sich schließlich nach und nach im Küchenwagen und lassen sich vom Kaffee aufwecken. Ich sehe verstrubbelte Haare, verquollene Augen und so manches verhaltene Gähnen. Mehrere Teammitglieder wünschen sich wohl, sie wären gestern bereits nach dem ersten Bier ins Bett gegangen …

Auch Titian versucht sich mit einem Kaffee aufzuwecken. Mit seinen Gedanken ist er bereits bei Kai. Er hofft, dass seine Saalschwester ihm noch einmal beim Windelnwechseln zur Seite stehen wird. So ganz alleine... das traut er sich noch nicht zu. Es graut ihm davor, die Medikamente verabreichen zu müssen. Schon beim Gedanken daran schnürt sich ihm die Kehle zu. Er schickt ein Stoßgebet zum Himmel, dass Kai heute isst! Man kann die Medikamente unter das Essen mischen. Und dann wäre die Tortur überflüssig. Ja – hoffentlich isst der Bub heute was! Irgendwie ist alles doch schwieriger, als er es sich vorgestellt hatte ...

07.30 Uhr *Kinderfrühstück*

Ziemlich schnell sind die ersten Kinder auch schon beim Frühstück. Die Küche ist bereit, und es gibt geschmierte Brote, Müsli und Kakao. Ich setze mich zu der Schwester, die den kleinen Krümel auf dem Schoß hat. Er genießt sein Müsli und wippt dabei auf und ab. Der kleine Kerl scheint nie still zu sitzen. Seine Mutter war Alkoholikerin, was bei ihm zu starken Entwicklungsstörungen und geistiger Behinderung geführt hat. Er ist ein kleiner, quirliger Sonnenschein. Ich beobachte, wie er eine Tasse Kakao nimmt und trinkt. Dieser so unbedeutend erscheinende, selbstverständliche Vorgang bedeutet für ihn eine großartige Entwicklung. Er hat eine Magensonde, weil er nie getrunken hat, und erst vor einigen Wochen hat er ganz plötzlich ein Glas Wasser genommen und es geleert. Die Magensonde ist noch drin, aber wenn er weiterhin selbstständig trinkt, kann sie bald entfernt werden.

Sein Betreuer sitzt ihm gegenüber und schaut verschlafen, während Theodor neben ihm Kenny davon abhält, von der Bank zu turnen. Die Schwester ist wie immer gut gelaunt und freut sich richtig auf Lourdes. Sie ist ein herrlicher Mensch, liebt ihre Kinder und empfindet es als großen Segen, dass die Kinder aus ihrem Heim alle zwei Jahre mit uns auf diese Pilgerreise gehen können. Alle zwei Jahre sind einige Kinder wieder dabei – immer wieder kommen neue dazu und die „älteren" wachsen raus.

09.00 Uhr *Vorkommando trifft sich im Küchenwagen*

Nachdem alle gefrühstückt und sich wieder in den Kinderwaggon verzogen haben, schließt die Küche und die Sachen werden zusammengepackt. Trixi und ihr vierköpfiges Team arbeiten schnell und effizient. Ich bin beeindruckt, wie sie in dem kleinen Küchenraum alles schaffen. Mir geht durch den Kopf, was für eine entscheidende Rolle doch eine reibungslos funktionierende Küche spielt. Bescheiden arbeiten sie im Hintergrund und bilden doch das Herz des Ganzen. Ohne direkt für ein Kind verantwortlich zu sein, sorgen sie doch für das Wohl aller.

Ich erinnere die Saalschwestern noch mal daran, dass alle Rucksäcke verpackt werden müssen und dass auch das Team sein Gepäck zum Ausladen fertigmachen muss. Ersatzwindeln sollen in die Pflegerucksäcke gepackt werden, da es eine Weile dauern kann, bis das Kofferteam im Hospital in Lourdes mit dem Windelschrank auftaucht. Die Mitglieder des Kofferteams werden ihre Kinder jemand anderem übergeben und sich am Ende des Zuges treffen – bereit, alles Material in Windeseile auf den Bahnsteig zu schaffen, sobald wir in Lourdes angekommen sind. Ich treffe mich mit den Saalschwestern im Küchenwagen und wir besprechen die weiteren Schritte. Wir sind das *Vorkommando* und werden als Erste den Zug verlassen. In den Abteilen der Kinder wird die Ankunft freudig erwartet.

Kalle wippt auf und ab, greift immer wieder nach Tinas Hand und deutet mit aufgeregten Lauten aus dem Fenster. Sie hat es aufgegeben, ihm ständig den Sabber vom Kinn zu wischen. Also tropft es einfach runter. Kenny turnt gegenüber auf Theodors Schoß herum und will immer wieder wissen: „Wer isch dees??", wenn jemand zur Abteiltür reinschaut. Sobald sich der Zug Lourdes nähert, stimmt jemand das Lourdes-Lied an und es werden kräftig und voller Inbrunst alle Strophen gesungen.

„Die Glocken verkünden mit fröhlichem Laut... Aveeee, Aveeee..."

Mit großen Augen lauscht Kenny, der mit angezogenen Knien auf Theodors Schoß sitzt, während Kalle ungerührt gegen die Fensterscheibe schlägt und lacht.

10.05 Uhr *Ankunft des Zuges in Lourdes*

Sobald der Zug am Bahnhof von Lourdes hält, eile ich mit dem Küchenteam und den Saalschwestern aus dem Zug. Die Kinder hängen an den Fenstern, winken uns zu und schreien aufgeregt durcheinander. Ich schlage in die ausgestreckten Hände von Kasper und Kilian ein, die sich aus den Fenstern hängen, was mit einem Jauchzen quittiert wird. Kasper hat vor Aufregung ganz rote Wangen bekommen und Kilian beäugt neugierig den Zug auf dem gegenüberliegenden Gleis.

Eine kurze Weile müssen sie es noch im Wagen, der rangiert werden muss, aushalten. Meine kleine Truppe sucht sich ein Taxi und wir machen uns auf den Weg zum *Accueil Notre-Dame* – dem Hospital, in dem die Kinder untergebracht sind. Es liegt im Heiligen Bezirk, einem weitläufigen, abgezäunten Areal um die Grotte, in der die Mutter Gottes Bernadette erschienen ist.

Wie immer sind wir im ersten Stock untergebracht. Dieser Teil des Gebäudes hat den großen Vorteil, dass er einen ebenerdigen Hinterausgang hat und man nicht von den Aufzügen abhängig ist. Meine Saalschwestern haben Pläne und Unterlagen bekommen und richten ihre Zimmer ein. Die Zimmer, die mit bunten Punkten markiert werden, sind in einem Kreis angeordnet. Es gibt einige Räume mit sechs Betten, aber auch Dreier- und Zweierzimmer. Die kleineren Zimmer sind zu einem „Saal" zusammengefasst. In der Mitte befindet sich der so genannte Glaskasten, eine Art Büro, in dem ich mich mit meinen Unterlagen einrichte. Im Glaskasten ist ein Mikrophon, durch das man Durchsagen machen kann, und man hat von dort die meisten Zimmer gut im Blick.

Jetzt werden bunte Schilder und Namenslisten der Kinder an den Türen befestigt, damit jeder sich leichter zurechtfindet. Dann werden, wo nötig, Gitter an den Betten angebracht. Die kleinen Alarmklingeln, die sich neben jedem Bett befinden, müssen fest unter den Matratzen verstaut werden, damit die Kinder sie nicht als „Terror-Spielzeug" entdecken. Küchenchefin Trixi räumt sich ein Zimmer frei, um einen Ruheraum für das Team einzurichten. Es ist herrlich: Die ganze Woche über versorgt sie das ganze Team dort mit Köstlichkeiten, es gibt immer etwas Herzhaftes, Kaffee und Schokolade. Unbezahlbar!!

Dann kommt *la responsable d'étage* und in recht schlechtem Französisch findet die Schlüsselübergabe statt. Diese Dame ist für den reibungslosen Ablauf in unserem Bereich zuständig. Wenn wir etwas brauchen, sei es neues Klopapier oder eine Mikrowelle für unsere kleine Küche, läuft das immer über sie. Mein Problem ist, dass sie nur Französisch spricht. Mit Händen und Füßen und ein paar verlorenen Worten verständigen wir uns ganz gut. Sie drückt wie immer ein Auge zu, was unser Teamzimmer betrifft, und ist dankenswerterweise sehr milde mit uns. Ich muss eine große Liste ausfüllen, ein paar Unterschriften leisten, und dann schaue ich, ob meine Saalschwestern sich gut zurecht finden.

Währenddessen läuft mir Barbara, die vor mir den Zug geleitet hat, in die Arme. Sie macht herrlicherweise immer *Stage*, wenn wir hier sind. *Stage* bedeutet, dass man in Lourdes ehrenamtlich Dienst tut, wo immer es nötig ist. Alle Pilger, kranke wie gesunde, werden vor Ort von unzähligen freiwilligen und ehrenamtlichen Helfern empfangen und begleitet, damit sie ihre Wallfahrt durchführen können. Diese Helfer schenken ihre Zeit und ihr Geld her, um eine Woche oder länger anderen zu helfen. Sie dienen. Ohne sie könnte der große Pilgerstrom in Lourdes gar nicht reibungslos durchgeschleust werden.[2]

In Lourdes haben Kranke und Schwache absolute Priorität. Im Alltag werden diese Menschen oft ausgegrenzt und an den Rand gedrängt. In Lourdes aber werden sie als Menschen wahrgenommen, angeschaut und angesprochen. Sie fühlen auch, dass ihr Leid von vielen geteilt wird. Aus dem intensiven Erlebnis fröhlicher Gemeinschaft und Anerkennung schöpfen die Pilger deutlich spürbar Kraft. Doch auch die Helfer kehren verändert von diesem Dienst zurück, gestärkt von der Dankbarkeit und Freude, die ihnen die Kranken entgegenbringen.

Auch meine Mutter, die kurze Zeit später auftaucht, macht hier gerade *Stage*. Eben erst ist sie ein Stockwerk über uns mit dem Küchendienst fertig geworden. Glücklich falle ich ihr um den Hals. Ich bin ganz aufgeregt, dass sie selbst jetzt etwas vom Kinderzug miterleben kann, den sie bisher nur aus Erzählungen kennt. Sowohl mein Vater als auch mehrere meiner Geschwister fahren jedes Jahr hierher. Nachdem sie dreißig Jahre nicht in Lourdes gewesen war, hatte meine Mutter dieses Jahr beschlossen, es doch noch mal zu wagen. Da die Lourdesreise für uns eine so große Rolle spielt, wollte sie es nun selbst auch einmal erleben.

Viel zu schnell treffen dann auch schon die ersten Kinder ein. Die Türen des Aufzuges gehen auf und eine heitere Masse von Menschen quillt heraus. Bei der gerührten Reaktion meiner Mutter, die alles beobachtet, merke ich, dass dieser Moment sie sehr bewegt. Ich nehme mir vor, später noch einmal ausführlich mit ihr zu sprechen – denn jetzt bleibt keine Zeit dafür.

Till hat Karima an der Hand, die mit schaukelndem Gang neben ihm herläuft. Er hat sich schon auf die Woche gefreut. Als er in Freiburg in den Zug eingestiegen ist, hat Karima ganz aufgeregt reagiert. Till ist nicht sicher, ob sie ihn erkannt hat, aber er hofft es. Er findet den roten Saal und setzt Karima aufs Bett. Sofort klettert sie wieder hinunter und steht schaukelnd im Raum, während sie mit den Fingern über ihre weißen Schneidezähne reibt. Das macht sie immer. Dabei scheint sie zu grinsen. Geduldig setzt Till sich seinerseits aufs Bett und beobachtet das Mädchen. Völlig versunken und selbstzufrieden steht sie da und schwingt den Oberkörper hin und her...

Es dauert eine Weile, bis jeder sein Zimmer gefunden hat. Manche irren mehrmals im Kreis, bis sie ihren Saal mit der Bezeichnung Gelb, Blau, Grün, Orange, Weiß oder Rot finden. Wenig später trifft auch schon das Kofferteam ein. Es wuselt und lärmt. Die große Kiste mit den Spielsachen wird dem Kofferteam förmlich entrissen und die kleinen Buben ergattern sich gleich einen Fußball, mit dem sie nach draußen abziehen. Ihre Betreuer müssen wohl oder übel hinterher. Jetzt heißt es „Augen auf", damit keiner verlorengeht. Die Kinder, die im Rollstuhl sitzen, sind froh, sich auf ihren Betten ein bisschen strecken zu können, bevor es zum Mittagessen geht.

12.30 – 13.00 Uhr *Kindermittagessen*

Dann kehrt erst mal Ruhe ein. Alle sind erschöpft von der Zugfahrt und nach einem Tischgebet konzentriert sich jeder auf die Nahrung. Unsere beiden Kinder, die Sondennahrung bekommen, Klara und Karlotta, sitzen vor dem Esssaal im breiten Flur und verdauen. Titian kommt nach dem Essen ganz aufgeregt zu mir und berichtet, dass Kai ganz von alleine gegessen hat. Ihm steht die Erleichterung deutlich ins Gesicht geschrieben. Unsere Ärzte teilen die Medikamente aus. Das Kofferteam verteilt derweil die Kinderkoffer auf die Säle und die Saalschwestern beginnen auszupacken.

13.00 – 14.30 Uhr   *Teammittagessen in zwei Schichten*

Nach dem Kindermittagessen darf auch das Team in zwei Schichten zum Mittagessen gehen. So sind auch in den Pausen immer genügend Betreuer bei den Kindern. Die Mahlzeiten gibt es in unserem Hotel. Um dorthin zu gelangen, muss man einmal quer durch den Heiligen Bezirk ins Dorf hinauf. Sobald man den Heiligen Bezirk verlässt, wird man überschwemmt vom Eindruck der vielen kleinen Läden, die alles, von schönen bis zu skurrilen Devotionalien, verkaufen. Wie an jedem Pilgerort dieser Welt haben sich hier die Einwohner die Pilgerschar zunutze gemacht, um zahlreiche Läden zu eröffnen. Wenn man aus der Stille des Heiligen Bezirks kommt ist man dort geradezu geschockt. Man kann sich gar nicht retten vor lauter leuchtenden Madonnenstatuen, blinkenden Grotten und Postkarten, von denen einen die Heiligen dieser Welt glitzernd anstarren… beim ersten Mal ist es ziemlich überwältigend, aber man gewöhnt sich schnell daran, und später sieht man es kaum mehr, wenn man zum Mittagessen eilt. Es gibt neuerdings für alle Buffet und so sind die kurzen Mittagszeiten leichter einzuhalten.

Tassilo, Tina, Tanja und Till sitzen an einem Tisch. Sie essen schweigend – jeder in Gedanken versunken und auch einfach zu müde, um großartig Konversation zu machen. Till beobachtet die Mädchen und wundert sich, dass sie nur in ihrem Salat rumstochern. Zugegeben – das Essen schmeckt schrecklich und in diesem Moment ist er sehr froh, dass er aus Zeiten der Bundeswehr noch weit Schlimmeres gewohnt ist. Erst beim Kaffee wachen die vier wieder etwas auf. Tina fragt ihn, ob er weiß, wie das mit der Zimmereinteilung läuft. Nach kurzem Zögern, da ihn ein markanter, gelber und undefinierbar ekliger Fleck auf ihrer Schürze ablenkt, zeigt er ihr und den anderen die Listen mit der Einteilung, die in der Lobby aufgehängt sind. Die Teammitglieder sind in Zweier- oder Dreierzimmern untergebracht. Die Mädchen haben das Glück, im renovierten Teil einquartiert zu sein. Dann eilen sie mit den anderen aus ihrer Schicht zurück ins Hospital. Tina muss zu ihrem eigenen Erstaunen scharf nachdenken, bevor ihr einfällt, wer eigentlich Töni ist, mit der sie das Zimmer teilen wird – so sehr war sie auf ihr Kind fixiert, dass sie die anderen Teammitglieder kaum wahrgenommen hat.

Ich schaffe es selten zum Mittagessen, bleibe lieber im Hospital – erst recht am Ankunftstag, wenn alle noch unruhig sind. Tobias geht jeden Tag um 13 Uhr zur Reunion, einer Versammlung der Verantwortlichen aller Züge, um Zeitpunkte und Orte für Messen und Prozessionen zu erfahren. Damit in diesem riesigen Pilgerbetrieb alles seinen geordneten Gang geht, müssen sich alle an die Regeln halten bzw. wissen, wann man wo zu sein hat; welche Kapelle wann frei ist etc.

Also bleibe ich vor Ort, damit einer von uns da ist. Nach und nach verteile ich die Häubchen, die die Schwesternkleider in Lourdes vervollständigen, an die Damen. Normalerweise machen wir das erst abends im Hotel, aber da wir heute schon an der täglichen Sakramentsprozession teilnehmen, gibt es die Häubchen schon früher. Den Neuen zeige ich, wie man sie aufsetzt, und verteile noch weiße Spängchen für besseren Halt. Jetzt sehen wir alle endgültig aus wie Krankenschwestern aus einem Film der fünfziger Jahre.

13.00 – 14.30 Uhr *Mittagsruhe für einige Kinder, spielen mit dem Rest*

Es herrscht eine erstaunliche Ruhe. Obwohl wir einige hyperaktive Kinder dabeihaben, ist es merkwürdig friedlich. Mehr oder weniger alle sind in ihren Sälen. Im Saal Blau hat die zuständige Saalschwester bereits ihre Musikanlage installiert. Dort ist ab jetzt immer *chillen* angesagt. Oder Party. Je nachdem, was aus dem Lautsprecher klingt. Viele schlafen und einige toben draußen, wo sie keinen stören. Ich wandere gemächlich durch alle Säle und schaue mich um. Das ist in Lourdes mein häufigster Weg – wie ein Kreisel durch alle Säle. Schon jetzt tun mir die Füße weh!

Saal *Weiß Zwei*: Unsere beiden kleinen, siebenjährigen Mädchen machen Mittagsschlaf bzw. kichern ein bisschen, als ich hineinschaue. Die Jüngere, Kiki, sitzt, wenn sie sich nicht gerade im Bett ausstreckt, im Rollstuhl. Sie ist sehr aufgeweckt. Sie kann nicht sprechen, aber hervorragend kommunizieren. Ihre großen Augen nehmen einen sofort gefangen und sie kann etwas Gebärdensprache. Sie ist zu jedem Zeitpunkt so fröhlich, dass einem das Herz aufgeht. Allerdings ist sie auch ein Schlitzohr und weiß ganz genau, wie sie jemanden um ihren kleinen Finger wickeln kann. Bei mir hatte sie vom ersten Augenblick an Erfolg damit!

Das zweite Mädchen ist ein eigentlich ganz normales siebenjähriges Kind mit einer Brille auf der Stupsnase. Sie kommt aus einer sozial schwachen Familie – unter anderen Umständen hätte man sie wohl nicht in das Heim gegeben, aber nur dort kann sie Förderung bekommen und ist vor der

Verwahrlosung sicher. Von den Heimbegleitern höre ich viele solcher Geschichten.

Ich erfahre auch, dass es kaum noch Kinder mit Down-Syndrom gibt. Auf den ersten Bildern der ersten Kinderzüge aus den achtziger Jahren sieht man viele Kinder mit Down-Syndrom. Wir haben jetzt nur noch Kajetan dabei – ein fröhlicher, kommunikativer Bub mit einem Ying&Yang-Ohrstecker im linken Ohrläppchen. Die meisten Kinder mit dem zusätzlichen Chromosom werden heutzutage abgetrieben. Die Heime merken diesen Umstand extrem. Kinder mit Down-Syndrom sind meist sehr freundlich und sozial und bedeuten eine große zwischenmenschliche Bereicherung. Entweder sind die Kinder, die heutzutage in die Heime kommen, sehr stark behindert, beispielsweise durch Komplikationen bei der Geburt, oder sie leiden einfach am Mangel frühkindlicher Förderung und werden als zurückgeblieben eingestuft und ins Heim gesteckt. Vernachlässigung oder Misshandlung führen in vielen Fällen zu Traumatisierung und aggressiven Verhaltensweisen.

Alle Grade von Behinderungen sind in den Heimen vertreten. Die Kluft zwischen *extrem stark* und *leicht behindert* wird immer größer, da viele Kinder mit leichter Behinderung laut Pränataldiagnose nicht das Licht der Welt erblicken dürfen.

Und so sind auch die Kinder, die wir dabeihaben, ganz unterschiedlich eingeschränkt. Es gibt Kinder, die voll und ganz auf die Pflege ihrer Betreuer angewiesen sind, und andere, die körperlich fit und selbstständig sind.

Saal *Gelb Vier*: Kalle, der mit Kenny ein Zimmer teilt, macht sich einen Spaß daraus, den kleineren Bub zu ärgern. Dabei setzt er ein freches Gesicht auf, und wenn man ihn zurechtweist, klimpert er mit seinen langen Wimpern und schaut so unschuldig, als könnte er kein Wässerchen trüben. Ein ganz großes Schlitzohr!! Theodor, der Mittagsschicht hat, packt seine Gitarre aus und versucht, die Aufmerksamkeit der beiden zu gewinnen, was ihm auch für eine Weile gelingt. Er überlegt und singt dann ein Kinderlied, das vielleicht bei den beiden Buben ankommt.

Kenny ist ungewöhnlich still. Er sitzt auf einem Stuhl am Fenster und schaut hinaus. Er hat seinen Schlauch mit den Wäscheklammern in den Händen, und ohne hinzusehen klicken seine Finger die Klammern am Schlauch entlang. Theodor hat sich zwischen die beiden Buben gesetzt, damit Kalle nicht an Kenny herankommt. Kalle hat es sich in Kennys Buggy gemütlich gemacht. Der ewige Sabberfaden läuft an seinem Kinn hinunter und mit seinen langen, dünnen Fingern greift er immer wieder nach der Gitarre. Theodor konzentriert sich auf Kenny. Er versucht, ihn zum Lachen zu bringen, entlockt ihm aber nur ein müdes Lächeln. Theodor betrachtet den kleinen Kerl. Die Knie angezogen sitzt er da, den Blick in die Ferne gerichtet. Der Helm sitzt fest auf seinem Kopf. Er trägt den Helm, weil er einen Shunt hat – einen kleinen Ablauf im Nacken, der in den Magen führt, weil er die Veranlagung zu einem Wasserkopf hat. Wenn er Kopfschmerzen bekommt, dann schlägt er manchmal den Kopf gegen die Wand oder auf den Boden. Außerdem hat er einen äußerst wackeligen Gang. Der Helm schützt ihn. Theodor ist klar, dass Kenny ein kluges Köpfchen ist. Er spricht und versteht sehr viel – fast wie ein normaler Siebenjähriger. Aber eben nur fast. Manchmal ist er total abwesend und in sich gekehrt. Wahrscheinlich ist er einfach müde, denkt Theodor und beschließt, ihn für eine Weile ins Bett zu legen...

Nach der Mittagspause wird *verladen*. Mit Sack und Pack geht es raus auf die *Prärie*, einer großen Wiese im Heiligen Bezirk. Die Kinder, die laufen können, werden in so genannte *Voituren*, blaue kleine Wagen, die wie Rikschas aussehen, gesetzt und gezogen. Die Rollstühle werden geschoben. Sonnencreme wird auf den Gesichtern und Armen verteilt und Hüte werden auf die Köpfe gesetzt. Mittlerweile tragen alle Kinder ein rotes Malteser-T-Shirt, was es enorm erleichtert, den Überblick zu bewahren, und außerhalb des Hospitals ohnehin für unsere Schützlinge Pflicht ist.

In geordneter Formation ziehen wir auf die große Wiese gegenüber der Grotte. Dazwischen fließt die Gave, ein eiskalter Gletscherfluss. Es wird berichtet, dass in dieser Felsengrotte die Mutter Gottes der vierzehnjährigen Bernadette Soubirous 1858 erschienen ist. Insgesamt ist von 18 Erscheinungen die Rede. In den Erscheinungen gebietet die Mutter Gottes dem Mädchen, dass eine Kirche gebaut werden soll und dass die Menschen in Prozessionen zu diesem Ort kommen sollen. Franz Werfel hat die Geschichte des Mädchens wunderbar anschaulich in seinem Buch „Das Lied von Bernadette" beschrieben. Damals war Lourdes noch ein kleines Örtchen am Rand der Pyrenäen und die Grotte ein gewöhnlicher Platz am Fluss. Heute kann man sich diese Einfachheit kaum mehr vorstellen. Der Fluss fließt ruhig dahin, die Flächen sind geteert, alles ist wie zugeschnitten auf Millionen von Pilger, die jedes Jahr hierherkommen.

Sicherheitshalber lagern wir in gebührendem Abstand zum Fluss. Das Wasser birgt eine zu große Faszination für die Kinder – und eine Gefahr. Ein Wagen mit Spielzeug und Essen für die Jause wird hinausgeschoben und schon bald bietet sich ein gemütlicher Anblick. Mit den bunten, liebevoll gestrickten oder gehäkelten Decken werden große Lager gebaut. Kinder werden aus den Rollstühlen gehoben und können sich ausstrecken. Die Teammitglieder legen sich nach Möglichkeit dazu, und schon nach wenigen Minuten sind die ersten vor Erschöpfung eingeschlafen.

Tatjana hilft Kira aus dem blauen Wägelchen. Das Mädchen bewegt sich sehr langsam und vorsichtig. Seine linke Hand ist in einer Art spastischen Verkrampfung zur Faust geballt. Behutsam führt Tatjana Kira zu den anderen und versucht unbeholfen, ihr zu verstehen zu geben, dass sie sich hinsetzen soll. Wie um alles in der Welt kommuniziert man mit einem blinden und tauben Menschen? Sie nimmt ihre Hand und zieht sie Richtung Decke, auf der bereits Tassilo mit Klara sitzt. Dabei klopft sie auf den Boden und sagt:

„Komm – hier ist es doch gemütlich, oder?"

Ob die Worte irgendwie ankommen? Ob irgendwas ankommt? Tatjana ist müde und würde zu gerne auch kurz die Augen schließen. Kira denkt aber nicht daran, sich hinzusetzen, und beginnt zu laufen. Sie rennt einfach los, stolpert beinahe über Klara, die Tassilo auf eine Decke gelegt hat, damit sie etwas entspannen kann. Aber sie fällt nicht und läuft auf die Wiese zu, und dabei beugt sie den Körper steil nach vorne und wird richtig schnell. Tatjana fängt sie wieder ein und versucht sie zu den Decken zurückzuführen. Aber Kira will nicht. Unwillig schüttelt sie ihren ganzen Oberkörper. Ihr Gesicht ist zu einer trotzigen Grimasse verzogen. Nun denn – dann laufen wir eben, denkt Tatjana resigniert. Sie nimmt die rechte Hand des Mädchens und folgt ihr. Nachdenklich betrachtet sie sie dabei. Zum ersten Mal hat Kira Unwillen bzw. auf ihre ganz eigene Art ihren Willen gezeigt. Sie stößt beim Laufen leise, undefinierbare Laute aus. Wenn man genau hinsieht, könnte man meinen, dass sich so etwas wie Freude auf ihrem Gesicht abzeichnet. Tatjana ist verblüfft, welche Freude diese Entdeckung wiederum in ihr auslöst.

Ich setze mich Rücken an Rücken zu Traudl, die die kleine Kornelia auf dem Arm hält. Kornelia ist bereits 11 Jahre alt, ist aber wegen ihres Wasserkopfes nicht gewachsen und winzig wie ein Kleinkind. Ein süßes Mädchen mit einem Engelsgesicht – und heute eher guter Laune. Rücken an Rücken unterhalte ich mich intensiv mit Traudl. Sie ist das Kindermädchen von Kornelia und ist das erste Mal als Helferin mit uns in Lourdes. Sie ist evangelisch und hat viele Fragen zur Messe, den vielen katholischen Elementen etc. Sie ist besonders nett und interessiert und ich freue mich über diese neue Bekanntschaft.

Die fitten Kinder halten ihre Betreuer auf Trab. Einige versuchen, einen Drachen steigen zu lassen, andere fesseln jemanden an einen Baum und spielen Polizei. Der Fußball wird eifrig malträtiert. Klein Krümel setzt sich in frei gewordene Rollstühle und dreht damit eifrig einige Runden, wobei sein Betreuer ihn aus der Ferne beobachtet. Er ist ganz konzentriert bei der Sache, und als sein Betreuer sich wenig später von ihm in einer Voiture ziehen lässt, ist er hellauf begeistert. Es ist herrlich warm und ein leichter Wind verwöhnt uns. Es ist kaum zu glauben, dass Betreuer und Kinder sich noch keine 24 Stunden kennen. Jeder scheint seinen Platz gefunden zu haben. Viele wirken schon wie ein eingespieltes Team. Ich muss immer wieder an die Worte denken, die ein Mitfahrer zu mir gesagt hat, als er das erste Mal dabei war:

„Weißt du, wenn man in den Zug einsteigt, sieht man lauter behinderte und kranke Kinder, wenn man aussteigt, sind es einfach nur noch Kinder."

16.00 Uhr *Jause / Windeln wechseln etc.*

Zur Jause bleiben wir gleich draußen. Unser Küchenteam hat eine gut gefüllte Kiste mit Leckereien gepackt, die wir mitgenommen haben. Und auch das Windelwechseln ist kein Problem. Ein paar Betreuer wandern mit ihren Kindern einzeln zurück, um dies im Hospital zu tun, andere verziehen sich nur schnell in eine ruhige Ecke.

Titian, der kurz auf der Wiese eingenickt ist, wacht auf, weil ihm ein ziemlich ekelerregender Duft in die Nase steigt. Neben ihm sitzt Kai. Und unverkennbar kommt der Geruch aus dessen Richtung. Die Hose ist voll und Kai zupft bereits unruhig an seinem Hosenbund. Gott sei Dank hat Titian daran gedacht, eine Windel mit auf die Wiese zu nehmen. Er hilft Kai auf die Beine und marschiert mit ihm zum nächstgelegenen Klo. Kai hält sich an seiner Hand fest. Sein Blick irrt über den Platz – wie immer scheinbar ziellos.

Bisher hat Titian noch keinen Blickkontakt zu ihm aufbauen können. Im Klo wechselt er Kais Windeln. Zum ersten Mal macht er das ganz alleine. Kai steht am Waschbecken und hält sich fest; so ist es möglich, ihm die alte Windel aus- und die neue anzuziehen. Titian wünscht sich, statt seinem Geruchssinn zusätzliche Hände zu haben, und erst beim dritten Versuch kann er die Klebestreifen an der richtigen Stelle platzieren. Aber es hält!! Mit vor Stolz geschwellter Brust betrachtet er sein Werk und würde es am liebsten jedem zeigen. Am Waschbecken nimmt er Kais Hände und führt sie unter das Wasser. Mit Seife schäumt er die Hände ein und seine Finger gleiten über die vernarbte Stelle, in die sich der Junge immer hineinbeißt. Erst lässt Kai das Händewaschen einfach über sich ergehen. Aber dann beginnt er selbst seine Hände aneinanderzureiben und sein Blick ist auf das Waschbecken fixiert.

Und dann lacht er.

17.00 Uhr *Sakramentsprozession*

In der Zwischenzeit beginnen wir uns langsam aufzustellen. Schnell wird das Spielzeug zusammengesammelt und gemeinsam mit dem Essen zurück ins Hospital gebracht. Die Kinder werden wieder in ihre Rollstühle gesetzt und die bunten

Decken auf die Voituren verteilt. Erstaunlich brav bleiben alle Kinder in ihren Wagen sitzen.

Wir sind nicht die Einzigen, die Aufstellung nehmen. Dutzende von weiteren Zügen und Pilgergruppen reihen sich in die lange Schlange ein. Um Punkt 17.00 Uhr wird das Allerheiligste aus dem Anbetungszelt, welches sich weiter hinten auf der großen Wiese, *Prärie* genannt, befindet, gebracht und kommt auf uns zu. Im Zelt ist die Monstranz mit dem Allerheiligsten 24 Stunden ausgestellt, und jeder kann dort hingehen, um zu beten oder einfach zur Ruhe zu kommen.

Die Prozession beginnt.

Der klare Ton einer Trompete schallt aus den Lautsprechern und ich bekomme eine Gänsehaut, weil es so schön ist. Kurz gehen wir vor dem nahenden Herrn in die Knie. Der Priester trägt die Monstranz auf den Altar, um den wir versammelt sind. Dann müssen wir bereits losziehen. Denn alle Pilger ziehen vor dem Allerheiligsten hinunter in die Basilika Pius X. – die unterirdische Basilika. Die bekannten Melodien schweben in der Luft. Das *Laudate Dominum* klingt aus tausenden von Kehlen.

Das ist Ankommen in Lourdes!

Gemeinsam mit Tobias führe ich unsere Gruppe an. Er weist an, wann wir in Vierer- und wann wir in Zweierreihen ziehen müssen. Ich richte meinen Blick erst mal nur nach vorne, denn wenn ich nach hinten schaue und die Kinder und das Team so ziehen sehe, kommen mir leicht mal Tränen …

Ich liebe die Sakramentsprozession. Langsam ziehen wir um die Esplanade, den großzügig angelegten Vorplatz der Rosenkranzbasilika, und dann die Rampen hinunter in die so genannte *Tiefgarage*. Denn die Kirche, die unterirdisch angelegt und ganz aus Beton gebaut ist, ist zwar praktisch und fasst tausende von Menschen, hat aber ansonsten den kühlen Charme einer Garage.

Till hat Karima hinter sich im blauen Wagen und der Griff des klobigen Gefährts bohrt sich in seinen Rücken, als er an der schrägen Rampe, die hinunter in die Basilika führt, zum Stehen kommen muss. Das ist gar nicht so einfach. Vor und hinter ihm rempeln alle gegeneinander, weil der Stopp so abrupt war. Eine Pilgergruppe hat sich vorgedrängt und der Einlass in die unterirdische Basilika ist erst mal blockiert. Kajetan, der im Wagen vor Till sitzt, jauchzt auf. Ihm gefällt das ruckartige Anfahren und Anhalten. Er verzieht sein rundes, freundliches Gesicht zu einem breiten Grinsen und winkt allen Menschen zu, wobei er vor Aufregung auf und ab hüpft. Dass ihm viele der Pilger mit gerührtem Gesicht zurückwinken, findet er prima und winkt noch heftiger zurück. Dann dreht er sich zu Till um und erzählt ausdrucksstark etwas in seiner verwaschenen Sprache, die etwas gewöhnungsbedürftig ist. Die ausgeprägte Zahnlücke zwischen seinen Schneidezähnen ist dabei gut sichtbar. Till grinst zurück und antwortet, auch wenn er keine Ahnung hat, worauf.

In der Kirche unten sammeln wir uns an unserem gewohnten Platz, rechts vom Chor. Tobias „navigiert" unsere Truppe durch die Menge. Und die Masse an Menschen ist enorm. Jährlich kommen Millionen von Pilgern nach Lourdes, und zu Pfingsten ist es meistens besonders voll. Es ist nicht einfach, alle beisammen zu halten und keinen aus den Augen zu verlieren. Die Voituren werden ordentlich nebeneinandergestellt, die Rollstühle stehen ganz vorne. Die Teammitglieder sitzen bei ihren Kindern. Ein paar Männer von der Hospitalité sorgen dafür, dass jeder seinen Platz findet. Mit wichtigem Gesicht gestikulieren sie, weisen ein, und es ist doch immer wieder erstaunlich, dass pünktlich Ruhe einkehrt und alle richtig platziert sind. Perfekte Organisation.

Die andächtige Stimmung, die dann eintritt, mag ich besonders. Das Allerheiligste wird, von Kerzen, Weihrauch und

Fahnen begleitet, zum großen, zentral gelegenen Altar getragen. Dann kehrt erst mal Ruhe ein, es erfolgt die Lesung und kranke Pilger aus unterschiedlichsten Nationen tragen in ihrer Muttersprache Fürbitten vor. Anschließend geht der Priester mit dem Allerheiligsten zu den Kranken, die kreisförmig um den Altar versammelt sind. Vor jedem Abschnitt bleibt er stehen und segnet die Kranken und die Pilger. Ihm folgen in einer Prozession weitere Priester. Ganz am Ende gehen die Ärzte. Es ist zur Tradition geworden, dass anwesende Ärzte bei der Sakramentsprozession immer in der Nähe sind, da hier am häufigsten Wunder geschehen sind. Sie sollen dann gleich zur Stelle sein, um sie zu bestätigen.

Ich genieße es, die Kinder und das Team zu beobachten. Viele aus dem Team können nicht anders und nicken ein, andere sind andächtig bei der Sache und wieder andere sind intensiv mit ihrem Kind beschäftigt. Für die Kinder ist diese Stunde irgendwie aufregend. Es gibt viel zu beobachten, es wird gesungen und man kann sich einen Spaß daraus machen, seinen Betreuer zu ärgern. Ich schlendere auf und ab und behalte alle im Auge – aber dieses Jahr kommen alle gut zurecht. Der ein oder andere schert aus, um aufs Klo zu gehen, ansonsten ist die Truppe erstaunlich ruhig. Ich stelle mich hinten zu Trixi, die eine Flasche mit Lourdeswasser dabeihat und Becher. Aufmerksam lässt sie den Blick schweifen, ob jemand Durst hat.

Als der Priester mit dem Allerheiligsten zu unserem Abschnitt kommt, knien wir nieder. Irgendwie berührt mich das immer. Wenn Jesus in Form des Allerheiligsten so nah ist, dann habe ich das Gefühl, dass der Herr nur für meine Kinder da ist – nur sie segnet.

Wir singen das *Tantum ergo* und viel zu schnell ist die Stunde auch schon vorüber. In einer langen Schlange ziehen wir zurück zum Hospital. Dabei muss man immer wieder die

Reihe abschirmen, weil unzählige Pilger sich dazwischen-drängen und uns auseinanderzureißen drohen… dabei ist der Maltesermantel, den alle Mädchen heute Morgen bekommen haben, in seinem unübersehbaren Schwarz-rot und mit dem gut sichtbaren weißen Malteserkreuz darauf von großem Vorteil. Mit dem Mantel scheint man auch ein Stück Autorität und Respekt anzuziehen. Der Mantel vermittelt offenbar das Gefühl, man müsse sich auskennen, wisse, was zu tun ist, was uns immer wieder in komische Situationen bringt. Aber eben auch den Eindruck, man hätte was zu sagen. Mich amüsiert das manchmal, wenn respektvolle Blicke unsere Mäntel streifen und ich mir überlege, wer sich alles darunter verbirgt.

18.00 Uhr *Kinderabendessen*

Gleich anschließend an das Abendessen kommt das große Baden. Alle riechen nach Schweiß und sind klebrig von der langen Zugfahrt und froh, aus den Klamotten zu kommen. Und so wird geduscht, gebadet, geschrubbt, gekämmt und Deo versprüht.

Theodor stellt seinen kleinen Schützling unter die Dusche. Wasser, so steht in seinem Pflegebogen, macht ihm richtig Freude. Wie sich herausstellt, ist das richtig. Theodor hat sich Schuhe und Strümpfe ausgezogen und die Beine seines Overalls hochgezogen. Nichtsdestotrotz wird es eine sehr nasse Angelegenheit – auch für ihn. Denn Kenny, der kleine Wasserfreund, jauchzt vor Freude und spritzt mit dem Duschkopf in alle Richtungen, wovon Theodor ihn lachend abzuhalten versucht. Das entzückt den kleinen Mann natürlich umso mehr, und so setzt er quietschend vor Freude das halbe Zimmer unter Wasser, bevor er sich einseifen lässt…

Im Nachbarsaal beschäftigt sich Tassilo mit Klara. Seitdem sie auf seinem Arm im Zug eingeschlafen ist, beobachtet Tassilo sie sehr genau: ob es nun beim Füttern, Wickeln, Waschen, Vorsingen, Vorlesen oder einfach nur Halten ist. Er findet heraus, dass sie eine ganz eigene Art hat, zu bekunden, ob es ihr gut oder schlecht geht: Tut ihr etwas weh oder fühlt sie sich unwohl, greint sie leise, aber herzzerreißend vor sich hin, bis er herausgefunden hat, was sie stört. Geht es ihr gut, belohnt sie Tassilo immer wieder mit einem derart strahlenden Lächeln, dass er ganz weiche Knie bekommt. Entsprechend bemüht er sich auch, dieses Lächeln möglichst häufig auf das kleine Gesicht zu zaubern. Er findet Klara mit jedem Augenblick schöner: eine unglaublich weiche Babyhaut, riesige braune Augen mit schweren, schwarzen Wimpern, die ihn immer wieder für sehr lang wirkende Momente entweder ernst oder versonnen anschauen können – um dann an ihm herab, zur Seite weg und zu irgendeinem unbestimmbaren Punkt hinwegzugleiten. Was wohl in dem kleinen Kopf vor sich geht? Was sie wohl mitbekommt von dem, was geschieht? Und ist das wichtig? Sie hat eine prachtvolle, goldblonde Haarmähne und Tassilo wäscht sie von nun an jeden Tag und braucht dann viel Zeit, eine hübsche Zopfform zu finden. Er hat aufgehört, sich dabei komisch vorzukommen. Und sie hat winzige, wirklich winzige Finger, die eine etwas andere Form als üblich haben; vielleicht, weil diese Hände nicht sehr oft zum Einsatz kommen.

Als ich zu den großen Mädchen hinübergehe, höre ich, dass Kirsten gekotzt hat. Kirsten ist ein großes, sehr fröhliches Mädchen. Sie leidet laut ihrer Krankenakte an *mittelgradiger Intelligenzminderung,* was mir nichts sagt und nichts über sie preisgibt. Jetzt liegt sie auf ihrem Bett und freut sich, als ich mich neben sie setze. Sie hat das Kissen mit beiden Armen umschlungen und schielt zu mir hoch. Zum Glück geht es ihr schon besser. Es war wohl eher die ganze Aufregung als etwas Ernstes. Auch bei ihr wirkt eine ausführliche Dusche Wunder. Man kümmert sich rührend um sie, und Zuneigung ist bekanntlich die beste Medizin.

Ich weise die Nachwache ein. Ich zeige den drei Teammitgliedern, wo der Arzt schläft, und erkläre, worauf sie achten müssen. Dann ziehen sie los und lassen sich während der Abendpflege von den einzelnen Saalschwestern erklären, was in der Nacht zu tun sein wird. Ich verziehe mich nach einer weiteren Runde durch die Säle nach draußen zum Rauchen. Alle scheinen problemlos klarzukommen. Gemeinsam mit Tobias überlege ich, was heute Abend dem Team noch angesagt werden muss. Schließlich scheinen alle mehr oder weniger sauber und bettfertig zu sein.

20.00 Uhr *Abendgebet*

Wir versammeln uns in einem großen Kreis vor dem Glaskasten. Tobias und Theodor spielen Gitarre und das Lourdeslied klingt aus Team- und Kinderkehlen durch den Raum. Einige Kinder sind schon in ihren Betten, die zu der Gruppe dazugeschoben werden. Kenny sitzt mit baumelnden Beinen auf dem Schoß seiner Saalschwester und summt vor sich hin.

Unser Priester hat seinen Esel wieder dabei: eine Handpuppe namens Goliath, die er sprechen lässt. Dabei ist es faszinierend zu beobachten, wie schnell sich die Kinder auf ihn konzentrieren. Sie machen mit, lachen den Esel aus, antworten auf die Fragen – mal mehr, mal weniger passend, aber voller Begeisterung. Kasper fällt fast von seinem Stuhl vor Aufregung und will ständig den Esel streicheln, während Kai neben ihm recht unbeteiligt in die Luft schaut. Immerhin hat er aufgehört, sich in die Hand zu beißen. Schließlich enden wir mit einem Segen und einem Lied: „Von guten Mächten wunderbar geborgen."

Fast alle können auswendig in den Refrain einstimmen:

Von guten Mächten wunderbar geborgen,
erwarten wir getrost, was kommen mag.
Gott ist bei uns am Abend und am Morgen
und ganz gewiss an jedem neuen Tag.

Die eine oder andere Träne quillt dabei aus erschöpften Teamaugen – so manche Seele ist in müden Momenten leicht zu berühren…

Anschließend werden die Kinder ins Bett gebracht. Das geht schnell, weil alle schon bettfertig sind. Alle, die ihr Kind ins Bett gepackt haben, sammeln sich draußen vor der Tür. Ich schaue noch mal in alle Säle, sage vereinzelt noch gute Nacht, lasse Rollläden runter und mache letzte Lichter aus. Kordula im Saal *Weiß Vier* sitzt noch aufrecht auf ihrem Bett, atmet aufgeregt und wiegt den Oberkörper hin und her. Tanja will sie nicht alleine lassen, weil Kordulas Verhalten sie nervös macht und weil ihr der Schreck wegen der falsch verabreichten Medikamente während der Zugfahrt noch in den Knochen sitzt.

Sie hat Angst, dass sie nicht aufhört zu zappeln und sich in diesen Zustand reinsteigert. Kordula hält gerne mal die Luft an, bis ihre Lippen blau werden – fängt dann aber spontan wieder an zu atmen. Ich überzeuge Tanja davon, dass Kordula schon in Ordnung ist und sich beruhigen wird, sobald sie keine Aufmerksamkeit mehr bekommt. Um Tanja zu beruhigen, verharren wir einige Minuten vor der Tür. Und tatsächlich. Kordula hört kurz darauf auf, wie eine Dampflok zu atmen, und wird ruhig. Wir übergeben sie der Nachtwache. Schließlich sind alle außer der Nachtwache draußen.

20.15 Uhr *Team: Alle außer Doktor und Nachtwache*
verlassen das Hospital
Gemeinsamer Grottengang des Teams

Wie schon im vergangenen Jahr versammeln wir uns an einer Stelle am Fluss, gegenüber der Grotte – nicht weit von der Stelle, wo wir den Nachmittag verbracht haben. Kurz halten wir alle zusammen inne und unser Priester betet mit uns. Alle sind müde und freuen sich aufs Abendessen, und doch ist es ein kurzer, guter Moment, der uns als Team zusammenbindet. Jeder trägt auf die eine oder andere Weise sein Kind mit sich an die Grotte. Zum ersten Mal, seit die Reise begonnen hat, hat man die Verantwortung abgegeben. Ob die Nachtwache auch gut auf „mein" Kind achtgibt, mag wohl so manchem durch den Kopf gehen. Denn für jeden Einzelnen, ob er nun schon einen Zugang gefunden hat oder nicht, ist das eigene Kind besonders. Wir denken auch an verstorbene Kinderzugmitfahrer und danken für die gute Anreise und den ersten Tag. Dann wandern wir geschlossen ins Hotel.

20.45 Uhr *Teamabendessen*

Till und Theodor gehen zusammen zum Essen. Es ist wieder nicht besonders schmackhaft, aber es macht satt. Nach dem anstrengenden Tag schmeckt einem eigentlich alles. Till möchte nach dem Essen zur Grotte hinuntergehen und Theodor beschließt, ihn zu begleiten. Noch immer haben die zahlreichen Läden geöffnet. So etwas wie eine Ladenschlusszeit scheint es hier nicht zu geben. Als sie in den Heiligen Bezirk kommen, umschließt sie eine wunderbare Stille. Nur noch wenige Menschen sind unterwegs. Vor der Grotte sind dann aber doch noch erstaunlich viele versammelt.

Till kniet sich hin, aber er ist zu müde, um zu beten. Also bleibt er einfach eine Weile dort knien und lässt alles auf sich wirken. Die Stille und leise gemurmelte Gebete umgeben ihn. Die Grotte ist von sanftem Kerzenlicht erleuchtet. Sein Blick wandert zu der Statue der Mutter Gottes, die auf einem Felsvorsprung zu sehen ist, und dann zum Kreuz auf dem Altar. Der Altar ist ein Steinblock, der sich im Zentrum der Grotte befindet. Irgendwie kommt Till jetzt erst richtig an. Als die allabendliche Messe beginnt, stößt Theodor ihn von der Seite an. Sie sprechen nicht, aber nicken sich in stillem Einverständnis zu und machen sich auf den Rückweg.

An den Buffets stauen sich die Menschenmassen. Deswegen schnappe ich mir Trixi und wir trinken bei einer Zigarette auf der Terrasse erst mal gemütlich ein Panaché, die französische Version vom Radler, bevor wir uns ins Getümmel werfen. Mit uns sind noch drei weitere Malteserzüge hier im Hotel untergebracht. Also stößt man auf viele bekannte Gesichter und kommt aus dem Begrüßen kaum heraus. Nach dem intensiven Tag ist mir das eigentlich zu viel. Ich würde gerne mit meinem Team zusammensitzen. Aber ich freue mich doch, einige Freunde, die ich selten sehe, hier zu Gesicht zu bekommen. Schließlich kann ich mich loseisen und wandere mit meiner Mutter zur Grotte. Wir beobachten zwei meiner Teammitglieder, die ein nächtliches Date haben, und ich muss in mich hineingrinsen.

Meine Mutter und ich sitzen noch eine ganze Weile dort vor der Grotte zusammen und sie berichtet mir über ihre Woche *Stage*. Geschirr spülen, Treppen putzen, Fürbitte leisten… es war für sie offenbar intensiv und gut. Dann bestätigt sie mein Gefühl vom Morgen. In ihrer Vorstellung hatte diese Fahrt mit den behinderten Kindern immer etwas Schweres und Belastendes. Den Tränen nah beschreibt sie, wie überwältigt sie war, diese fröhliche, quirlige Truppe aus den Aufzügen stürmen zu sehen. Jetzt kann sie besser nachempfinden, was diese

Woche für uns bedeutet und welch ein Geschenk sie ist – für alle Beteiligten. Mir bedeutet das viel und ich bin dankbar, dass sie hier ist. Diese Zeit mit den Kindern in Lourdes ist für mich ein wichtiger Bestandteil des Jahres, und selbst wenn man davon erzählt, kann man doch kaum vermitteln, was hier geschieht. Der *Kinderzug* hat mich geprägt. Umso mehr rührt es mich an, dass meine Mutter hier ist und selbst sieht und erfährt, welcher Segen auf diesem Ort und dem Zug liegt.

Pfingstsonntag

05.30 Uhr *Frühstück Team, Dienstbeginn*

Viel zu früh bin ich wieder wach. Haare waschen ist dran, um den letzten Zugdreck zu beseitigen, dann Häubchen drauf und ab zum Frühstück. Dabei darf ich die Reisekleider nicht vergessen, woran meine altbewährte Zimmergenossin, Trixi, mich glücklicherweise erinnert. In der Lobby werden sie gesammelt und dann gewaschen, damit sie frisch sind für die Rückfahrt. So ziemlich alle kommen beim Frühstück zusammen.

06.00 Uhr *Morgenandacht Team im Hotel*

Nach dem Frühstück gibt uns unser Priester einen kurzen geistlichen Impuls, dessen Inhalt mir jedoch entgangen ist. Mein Hirn ist noch nicht recht einsatzbereit. Der Weg durch die kühle Morgenluft nach unten ins Hospital weckt mich dann aber endgültig auf. Lourdes erwacht langsam zum Leben. Noch ist es sehr still. Die Läden sind geschlossen und ein Straßenfeger beseitigt letzte Müllreste vom Vortag. Ein demütiger Dienst. Mehrere Menschen sind schon im Heiligen Bezirk unterwegs – auf dem Weg zu ihren Kranken. Ich versammle im Hospital meine Saalschwestern zur Morgenbesprechung.

06.30 Uhr *Morgenbesprechung*

Die Nachtwache hatte einiges zu tun. Die kleinen Buben haben noch lange Rabatz gemacht und sind erst sehr spät zur Ruhe gekommen. Wir lassen uns von den drei Nachtwächtern Bericht erstatten, bevor sie schlafen gehen dürfen. Dann besprechen wir kurz den Tagesablauf. Heute gibt es keine Änderungen – alles geht nach Plan. Als wir fertig sind, schicke ich das Team, das sich vor der Türe versammelt hat, ins Haus. Das Team für jeden Saal trifft sich zu einer kurzen Besprechung, und dann geht es ab zu den Kindern. Die meisten sind bereits munter, und wenn man die fröhlichen, verschlafenen Gesichter sieht, dann achtet man kaum auf den beträchtlichen nächtlichen Mief, der sich in den Zimmern gesammelt hat.

Till betritt mit den anderen den Saal. Die Saalschwester zieht die Rollläden nach oben und eilt dann als Erstes an Kameés Bett. Die zwölfjährige, körperlich sehr fitte Katinka hat nämlich die ganze Nacht nicht geschlafen, sondern ihren Saal terrorisiert. Die arme Kameé, die, bewegungslos, sich nicht wehren kann, musste ziemlich leiden. Katinka hat in den letzten Morgenstunden, als die Nachtwache mit Wickeln beschäftigt war, erst ihr Bett zusammengeklappt, so dass sie wie ein Sandwichbelag dazwischenhing, und hat ihr dann mit einer Spritze Seifenwasser in den Mund gespritzt. Jetzt liegt das arme Mädchen da und würgt und es blubbern Seifenblasen aus seinem Mund. Der Arzt ist bereits da und schaut sie sich an. Dem Himmel sei Dank, ist es nicht gefährlich – nur sehr unangenehm für Kameé. Sie liegt bleich und elend auf ihrem Bett und muss immer wieder den Mund ausspülen und dabei würgen.

Die Übeltäterin Katinka wird von der Heimschwester streng zur Seite genommen, muss zur Strafe das Bett machen und sich entschuldigen. Sie kann nicht abschätzen, was sie getan hat, versteht aber durchaus, dass es falsch war. Ab morgen bekommt sie ein Einzelzimmer, welches sie nachts nicht verlassen darf. Es ist gut, dass in solchen Situationen die Heimbegleiter dabei sind. Die Kinder respektieren sie und erfahren durch sie ihre Grenzen – während sie beim Team immer noch austesten, wie weit sie gehen können.

Karima ist bereits wach, sitzt aufrecht und wiegt den Oberkörper rhythmisch vor und zurück. Die Haare stehen ihr wild vom Kopf ab. Als Till sich nähert, schaut sie auf, und sobald er auf der Bettkante sitzt, hört sie auf zu schaukeln. Mit einer Hand greift sie nach seiner und mit der anderen schiebt sie die Bettdecke weg. Deutlich steigt der Duft der vollen Windel in Tills Nase. Ehe er sich versieht, ist Karimas Hand vorgeschnellt und hat sich den Gummihandschuh geschnappt, den er sich zur Vorbereitung in den Gürtel gesteckt hat. Ohne Umwege schiebt Karima sich diesen in den Mund und beginnt mit zufriedenem Gesichtausdruck zu kauen.

„Oh nein", sagt Till mit seiner ruhigen tiefen Stimme. „Das ist nichts zum Essen – gib es wieder her. Komm, Karima – ausspucken..."

Karima denkt jedoch gar nicht daran und kaut gemütlich weiter, während ihr Blick auf Till gerichtet ist. Till muss ihre Zähne mit den Händen auseinanderbiegen, um sie daran zu hindern, dass sie den Handschuh verschluckt. Dieses Mädchen isst wirklich alles, denkt er amüsiert und auch ein wenig alarmiert. Kaum zu glauben. Da wird er ein Auge drauf haben müssen. Besser, er schafft Karima schnell zum Frühstück. Er atmet tief durch. Der Tag beginnt ja gut...

Heute muss alles rasch gehen, damit wir rechtzeitig in der unterirdischen Basilika zur Pfingstmesse sind. Die ist immer sehr gut besucht, da die meisten Pilger daran teilnehmen. Nachdem alle gestern Abend ausführlich gebadet und geduscht haben, geht heute Morgen alles flink seinen Gang.

08.30 Uhr *Verladen*

Wir sind pünktlich und ziehen in geordneten Zweierreihen hinunter in die unterirdische Basilika. Unterwegs wird unser

Trupp auseinandergerissen, weil ungeduldige Pilger sich dazwischendrängen. Das nervt! Auch an einem vorgeblich heiligen Ort können manche Menschen wohl nicht umhin, auf ihren eigenen Vorteil bedacht zu sein.

Ich bleibe bei den Zurückgebliebenen, und schließlich finden wir unsere Gruppe wieder – an einem unserer üblichen Plätze, neben den Priestern.

Jetzt heißt es warten.

Nachdem sich solche Massen an Pilgern und Zügen in die Basilika drängen, muss man frühzeitig vor Ort sein, um einen guten Platz zu bekommen. Einmal angekommen, gilt es, die Kinder bei Laune zu halten und abzuwarten. Der Chor übt und ich summe mit: „Wer nur den lieben Gott lässt walten…" Ich liebe dieses Lied. Da taucht Theodor neben mir auf. Auch er hat das Lied im Ohr und will singen. Ich behaupte, die Stimme halten zu können, und so stehen wir nah beieinander und singen. Erst habe ich die falsche Melodie – nämlich die meines Erachtens schönere katholische –, aber ich versuche mir die andere beibringen zu lassen, was mehr schlecht als recht gelingt. Theodor singt dann die zweite Stimme dazu. Das kann er einfach gut. Währenddessen habe ich immer ein Auge auf die Kinder.

09.30 Uhr *Internationale Pfingstmesse in der Basilika P. X*

In einem langen Zug ziehen die anwesenden Nationen mit ihren Fahnen ein und jedes Land und jede Abordnung wird mit großem Jubel begrüßt. Tausende von Menschen, Gesunde wie Kranke, aus den verschiedensten Ländern dieser Welt sind hier versammelt. Die Messe wird in verschiedenen Sprachen gehalten und die Texte laufen auf noch mehr Sprachen zum Mitlesen über einen großen Bildschirm. Pfingsten wird hier ganz konkret erlebbar. In der Bibel wird berichtet, wie der

Geist des Herrn auf die Jünger herabkam und daraufhin jeder sie in seiner eigenen Sprache predigen hörte. Die Sprachbarriere war aufgehoben. So kann auch hier jeder der Messe in seiner eigenen Sprache folgen. Man könnte meinen, das sei weniger ein Wunder als ein Erfolg der Technik, aber wenn man beobachtet, wie die unterschiedlichsten Nationen hier vereint sind, dann bekommt das Wunder eine Form.

Unser Priester trägt die Lesung vor, was viele unserer Kinder aufgeregt zur Kenntnis nehmen. Wir sitzen direkt vor einer großen Leinwand, und da kann man ihn in Großaufnahme sehen. Viele der Kinder sind sehr empfänglich für Erklärungen und verfolgen den Gottesdienst aufmerksam. Wie viel die Einzelnen tatsächlich aufnehmen, ist schwer zu sagen, aber ich bin überzeugt, dass jedem Einzelnen der Segen zuteil wird, der hier erteilt wird. Ein paar vertreiben sich die Zeit, indem sie ihre Betreuer necken oder alle fünf Minuten behaupten, aufs Klo zu müssen. Gut, dass Trixi immer ein paar Gummibärchen zur Hand hat, um die größten Unruhestifter zu bestechen – das klappt immer.

Till hat Karima an die Hand genommen und sie haben sich zu den Priestern in eine Bank gesetzt. Bei der Kommunion geschieht etwas Erstaunliches. Till ist im Gebet versunken — kniend, an einer Hand das dunkelhaarige kleine Mädchen, das wie immer im Takt der Musik hin- und herschaukelt und sich mit den Fingern über seine Zahnreihen reibt. Plötzlich vernimmt Till eine Männerstimme: „Leib Christi", und noch ehe er etwas unternehmen kann, hat der Priester Karima die heilige Hostie auf die Zunge gelegt. Till erschrickt, gestikuliert, erklärt... Karima ist doch Muslima... der Priester schaut ihn erst erstaunt, dann ebenfalls erschrocken an. Dann wenden beide ihren Blick Karima zu. Und siehe da... zu beider maßlosem Erstaunen öffnet Karima den Mund, nimmt die Hostie heraus und hält sie Till hin. Das ist für diesen erschütternd und ein Wunder zugleich, denn sie isst doch eigentlich alles, was in ihre Reichweite kommt. Till empfängt daraufhin den Leib des Herrn mit Karimas Zahnabdrücken darauf – ganz ergriffen von dem, was gerade geschehen ist.

Ich stehe hinter unserer Gruppe, und direkt hinter mir hat sich eine Familie aus London niedergelassen – mit drei entzückenden, kohlrabenschwarzen Kindern. Die können den Blick nicht von meinem Mantel lassen und wollen unbedingt ein Foto machen. Der Kleinste, höchstens vier Jahre alt, kommt auf mich zu und bittet um ein Foto. Dem Lächeln kann ich nicht widerstehen. Nach der Messe breite ich also meinen Mantel über sie aus und zu ihrem größten Vergnügen knipsen sie eine Reihe Fotos…eigentlich lasse ich mich nicht gerne fotografieren, aber in diesem Moment geht es ja um den Mantel und das Malteserkreuz, und so kann ich mich dahinter verstecken.

Durch ein ziemliches Gedränge machen wir uns dann auf den Rückweg. Wir versuchen erst gar nicht, unsere Truppe zusammen und in ununterbrochener Reihe nach draußen zu führen. Es werden schon alle den Weg ins Hospital zum Mittagessen finden. Es ist besser, jeder findet den Weg in seinem Tempo zurück, als wenn man einander mit den Rollstühlen in der Eile in die Fersen fährt.

12.15 – 14.15 Uhr *Teammittagessen*

Ich habe keine Muße zum Essen und gehe stattdessen zur *Piscine*, wie hier die Stelle bezeichnet wird, wo die Pilger in dem der Grotte entspringenden Quellwasser baden können. Die Bäder befinden sich rechts von der Grotte. Sie sind in einem großen Betonbau untergebracht, der in lauter kleine Kabinen eingeteilt ist. In jeder Kabine befindet sich eine Steinwanne, die mit dem eiskalten Wasser aus der Quelle gefüllt ist. Nachdem Maria zu Bernadette gesagt hat, man solle sich mit dem Wasser aus der Quelle waschen, steigen hier täglich tausende von Menschen in die Bäder. Es gehört zu einer Pilgerfahrt nach Lourdes unbedingt dazu. Also haben auch wir einen Besuch mit den Kindern dort geplant.

Als ich hinkomme, gibt es die jährliche Diskussion. Unsere Anmeldung ist nicht angekommen. Typisch. Aber wir haben es bereits taktisch gut geplant und wollen am Mittwoch früh kommen, wenn internationale Messe ist und somit in den Bädern nicht so viel los sein wird. Und so klappt es dann auch. Es ist außer uns nur eine zweite Gruppe angemeldet, und unser Zeitplan wird genehmigt. Erst ist immer alles und schließlich doch nichts ein Problem. Ich erkläre mit Händen und Füßen die Sondersituation des Kinderzuges – dass die Helfer mit den Kindern hineinmüssen und nicht von ihnen getrennt werden dürfen. Das durchzusetzen ist immer ein Kampf. Es wird mir schließlich versprochen, nur für uns zwei Kabinen zu reservieren – das hat im letzten Jahr auch wunderbar funktioniert. Ich weiß, dass ich am Mittwoch trotzdem alles noch mal durchsetzen muss, aber fürs Erste sind wir mal angemeldet.

12.30 – 14.30 Uhr   *Mittagsruhe für einige Kinder,*
spielen mit dem Rest

Zurück im Hospital geselle ich mich zu den Kindern. Kordula setzt sich neben mich auf ein freies Bett, das im Gang steht, und scheint es zu genießen, als ich ihr den Rücken massiere. Irgendwie hat sie immer diesen strengen, leicht verdrießlichen Gesichtausdruck. Es ist schwer zu sagen, ob ihr etwas behagt oder nicht. Allerdings macht sie gewöhnlich ihrem Unwillen unmissverständlich Luft, und so nehme ich an, dass es ihr gefällt. Schließlich schläft sie auf meinem Schoß ein. Ganz friedlich. Traudl stellt noch Kornelia zu uns, bevor sie zum Mittagessen geht. Tina, die in der ersten Schicht Dienst hat und deren Schützling Kalle schläft, kommt auch dazu. So dösen wir alle eine Weile vor uns hin und genießen die Ruhe. Die währt allerdings nicht lange, denn die kleinen Polizisten Kajetan, Kasper und Kasimir sind unterwegs. Bevor sie uns gefangen nehmen können, scheuche ich sie wieder nach draußen. Aber Kordula ist auf ihr Gejohle hin natürlich hochgeschreckt, atmet heftig und hält mal wieder die Luft an. Kornelia weint ebenfalls, lässt sich aber von Tina schnell beruhigen. Die kurze Verschnaufpause hat ein Ende…

Als Schichtwechsel ist, besuche ich Kenny und Theodor im Saal *Gelb Vier*. Kenny hat nach dem Mittagessen gespien und liegt müde quer auf seinem Kissen. Ich setze mich neben sein Bett auf den Boden und Theodor trägt uns die Geschichte von Bernadette vor. Er beginnt zu lesen:

„Bernadette, die Älteste von sechs Kindern, war die Tochter eines Müllers, der zum Tagelöhner abgestiegen war und zeitweise im Gefängnis saß. Sie wuchs in einer alten, dunklen und feuchten Mühle auf, wo sie sich ein Asthmaleiden zuzog, das sie ihr Leben lang plagte. Sie musste als Schweinehirtin und als Bedienung in einer Schenke arbeiten.

Am 11. Februar 1858, also kurz nach ihrem 14. Geburtstag, hatte Bernadette beim Holzsammeln im Wald eine Vision, die sich im folgenden halben Jahr noch 17 Mal wiederholen sollte: Ihr erschien in der nicht weit von ihrem Elternhaus entfernten Grotte Massabielle eine weibliche Gestalt von großer Schönheit. Die Dame, wie Bernadette sie nannte, forderte das Mädchen zum Bau einer Kirche an der Grotte und zur Abhaltung von Prozessionen zu diesem Ort auf. In einer zweiten Erscheinung 14 Tage später forderte die Dame Bernadette zum Trinken aus der Quelle auf. Es war aber kein Wasser zu sehen; Bernadette kratzte etwas Erde weg, plötzlich entsprang der Stelle klares Wasser. Die Dame offenbarte ihr die Heilkraft der Quelle. Ein blinder Mann fand sein Augenlicht wieder und die Nachricht von der Wunderheilung verbreitete sich rasch.

Am 16. Juli 1858 erlebte Bernadette die letzte Erscheinung an der Grotte, bei der sich Maria als die unbefleckt Empfangene zu erkennen gab."

Während er Theodors Stimme lauscht, versetzt Kenny mal wieder Wäscheklammern an seinem Schlauch. Die Geschichte plätschert über ihn hinweg. Aber vielleicht bleibt etwas hängen. Bei ihm kann man nie wissen. Oft hört er etwas und gibt es erst Tage später plötzlich wieder. Einmal nur schaut er auf und fragt:

„Gemma jetz zur Grodde?"

„Später, jetzt ist Mittagspause", antwortet Theodor, was Kenny schweigend akzeptiert.

Theodor liest weiter.

„Bernadette wirkte sehr überzeugend, und bis zu 10 000 Menschen haben zugesehen, als sie mit der unsichtbaren Frau redete. Dennoch war ihr Beichtvater zunächst der Ansicht, dass sie einfach nur eine zu lebhafte Fantasie habe. Noch im Jahr der Erscheinungen geschah das erste von bislang 66 von der katholischen Kirche anerkannten Heilungswundern: Eine Frau tauchte ihren gelähmten Arm in die Quelle und zog ihn geheilt wieder heraus. 1862 bestätigte die katholische Kirche die Echtheit der Visionen.

Bernadette hatte in ihrem Leben Misstrauen, Unverständnis, Anfeindungen und ihre schwere Krankheit zu ertragen. Die Presse nannte sie eine hysterische Person, zweifelte an ihrer Glaubwürdigkeit. Um sich der Neugier, Belästigungen und Aufdringlichkeiten zu erwehren, verließ Bernadette 1866 ihre Heimat und schloss sich den Barmherzigen Schwestern im Kloster St. Gildard in Nevers-sur-Loire an; 1867 legte sie ihre Gelübde ab und erhielt den Ordensnamen Marie

Bernard und die Auflage, nicht mehr über ihre Visionen zu reden. Auch im Kloster wurde sie immer wieder gedemütigt und erniedrigt, doch alle Enttäuschungen konnten sie nicht von der Liebe zu jener Dame abbringen. Als eine ihrer Mitschwestern sie fragt, wie sie mit ihrem Schicksal zurechtkäme, antwortet sie: ‚Was tut man mit einem Besen? Man kehrt mit ihm. Und anschließend? Man stellt ihn hinter die Tür in die Ecke. Eben! Das ist meine Geschichte. Maria hat mich benutzt und nun in die Ecke gestellt. Das ist mein Platz.‘ Im Kloster durfte über ihre Vergangenheit nicht gesprochen werden. 1879 starb Bernadette, erschöpft und von ihrer Krankheit ausgezehrt, an Knochentuberkulose. Ihr Leib, aufgebahrt im Glasschrein des Klosters in Nevers, soll bis heute unversehrt sein."

Zwischendurch spielt Kenny mit meinen Fingern. Ganz konzentriert drückt er seine kleinen Fingerspitzen an meine größeren. Rauf und runter und wieder rauf. Unermüdlich. Sein Blick ist konzentriert und gleichzeitig abwesend. Als Theodor zu Ende gelesen hat, lässt er meine Finger los und macht die Augen zu. Er wirkt sehr matt und so schleichen wir uns nach draußen und lassen ihn schlafen. Vor der Tür treffen wir eine der Heimbegleiterinnen, die sich nach Kennys Befinden erkundigt. Es ist für Theodor nicht so einfach, sich ganz auf Kenny einzulassen, da die Betreuerin aus seinem Heim oft nach ihnen sieht und Kenny sehr an ihr hängt. Es macht die Sache nicht leichter, dass sich der kleine Mann erbrochen hat und sie sich verständlicherweise Sorgen um ihn macht. Sie ist aber offen, als ich sie anspreche, und hat sich schon selbst vorgenommen, Kenny mehr aus der Ferne zu beobachten. Alles in allem kommen Kenny und Theodor aber ganz gut miteinander klar und sind ein niedliches Gespann.

Den Nachmittag verbringen wir alle auf der *Prärie* und am Nachmittag nehmen wir wieder an der Sakramentsprozession teil. Sie ist das „schlagende Herz" dieses Wallfahrtsortes, da sie Jesus Christus ganz deutlich in den Mittelpunkt stellt. Da wir hier auf einer Pilgerfahrt sind und das geistliche Geschehen eine zentrale Rolle spielt, versuchen wir so oft wie möglich an der Prozession teilzunehmen.

18.30 Uhr   *Kinderabendessen*

Tassilo sitzt mit Klara im Speisesaal und füttert sie. Ihm gefällt der Gesichtsausdruck des kleinen Mädchens nicht. Wahrscheinlich schmeckt es so schlecht, denkt er. Auch wenn der Brei direkt in den Magen geht, ist Tassilo davon überzeugt, dass der Geschmack doch auch im Mund ankommt. Leicht angeekelt probiert er den Brei, den er der Kleinen gerade verabreicht. Richtig. Er schmeckt furchtbar.

„Wäh!", entfährt es ihm, „ist ja widerlich!"

Da kommt ihm ein Gedanke. Er sucht Trixi in der Küche auf und lässt sich etwas Kakao-Pulver geben. Das mischt er unter den Brei, bevor er die nächste Ladung in die Spritze zieht. Gespannt beobachtet er Klaras Gesicht. Ist es seine Einbildung oder schmatzt sie tatsächlich nach einigen Minuten zufrieden vor sich hin? Und dann strahlt sie auf einmal, dass ihm das Herz aufgeht. Tassilo ist eher stolz auf seine Erfindung und schiebt noch eine weitere Kakaospritze nach. Das war dann wohl zu viel des Guten, denn gekonnt würgt Klara kurz darauf einen Großteil des Abendessens heraus und es landet auf seinem Schoß.

20.45 Uhr   *Team: Alle außer Doktor und Nachtwache verlassen das Hospital*

Titian hat Nachtwache. Er ist ein bisschen nervös, weil er das noch nie gemacht hat, aber ich mache mir keine Sorgen. Die beiden Mädchen, Tessa und Tanja, die mit ihm zusammen

Dienst machen, haben bereits Nachtwachenerfahrung und sind zupackend und patent.

Titian hat ein leicht mulmiges Gefühl im Magen, als das Team abwandert und er mit seinen beiden Kolleginnen zurückbleibt. Kai zu wickeln ist mittlerweile kein Problem mehr für ihn. Aber was, wenn er heute Nacht ein Mädchen wickeln muss? Oder irgendeine Katastrophe passiert? Es bleibt ihm keine Zeit zu grübeln, denn schon hört er Tessa seinen Namen rufen. Das geht ja gut los, denkt er bei sich, als er den grünen Saal betritt und erst mal die kleine Rasselbande bändigen muss. Kasper ist völlig überdreht und ärgert seine Freunde, während Kilian nörgelt, er wolle seine Ruhe haben, und sich die Decke über den Kopf zieht. Titian atmet tief durch und betritt den Saal. Die Mädchen überlassen ihm die Schlichtung und die Beseitigung des Unruheherds und übernehmen die erste Wickelrunde. Es dauert eine ganze Weile, bis er die kleinen Buben überzeugt hat, in ihren Betten zu bleiben und Ruhe zu geben. Erst die Drohung, dass Kasper sonst bei den großen Mädchen schlafen muss, verschafft ihm die nötige Aufmerksamkeit. Schließlich scheinen sich die Kinder beruhigt zu haben und Titian verlässt den Saal in der Hoffnung, dass die Buben nicht noch was aushecken. Das Gekicher lässt nichts Gutes erahnen.

Als er gerade durchatmet und erleichtert die Türe hinter sich zumacht, kommt ziemlich bleich Tessa auf ihn zu. Katinka ist verschwunden. Die Unruhestifterin aus *Saal Rot*, die jetzt ein Einzelzimmer bekommen hat, saß gerade noch auf einem Stuhl vorm Glaskasten, als die Mädchen begonnen haben, die ersten Windeln zu wechseln. Jetzt ist sie weg. Tessa hat bereits alle Säle durchsucht. Nichts. Titian rutscht das Herz in die Hose. Sie teilen sich auf und beginnen zu suchen: im Treppenhaus und im Bereich, wo die Iren untergebracht sind. Nichts. Titian läuft einmal bis zur Grotte und zurück. Nichts.

Ziemlich durcheinander beraten sich die drei, was jetzt zu machen sei. Noch haben sie keinen Alarm geschlagen, aber es scheint die letzte Alternative zu sein. Die Nerven sind zum Zerreißen gespannt. Sie sind verantwortlich. Und jetzt ist ein Kind verschwunden. Das ist so ungefähr das Schlimmste, was passieren kann. Sie überlegen angestrengt. Das Hospital hat fünf Stockwerke und ist extrem weitläufig. Das Mädchen kann überall sein. Titian verscheucht die Horrorszenarien, die ihm in den Kopf kommen. In dem Moment erklingt ein leises „Pling" und die Aufzugtüre öffnet sich. Mit einem breiten Grinsen steht Katinka im Aufzug. In ihrem hellblauen Schlafanzug, mit den verwuschelten Locken auf dem Kopf und dem Teddybären unterm Arm blickt sie unschuldig in die Runde. Titian schickt ein stürmisches Dankgebet zum Himmel und zieht das Mädchen schnell aus dem Aufzug heraus, bevor die Tür sich wieder schließen kann. Auf die Frage, wo es gewesen ist, antwortet es nur „oben". Die drei sind so erleichtert, dass die Zwölfjährige wieder da ist, dass sie ihr nicht mal eine Standpauke halten.

Titian macht es sich von nun an zur persönlichen Aufgabe, sie keine Sekunde mehr aus den Augen zu lassen. Sicherheitshalber befestigt er Klebstreifen auf den Aufzugknöpfen, so dass diese nicht mehr zu bedienen sind. Auch die Hintertür verrammeln sie mit einem Stuhl.

Zu seinem größten Erstaunen ist Katinka sehr zugänglich, sobald man ihr etwas zu tun gibt. Als Kalle verschlafen aus seinem Zimmer torkelt, bittet er sie, ihn wieder ins Bett zu bringen. Bereitwillig wandert sie ab, um zu helfen, und Titian beobachtet von weitem, was sich tut. Als sie wenige Minuten später wieder erscheint und mit einem resignierten Gesichtsausdruck im Ton einer verzweifelten Mutter meint: „Der Bua will einfach net still sein", brechen die drei Nachtwächter in schallendes Gelächter aus. Die Spannung ist verflogen. Das ist noch mal gutgegangen. Gott sei's gedankt!! In der heiteren, übermüdeten Stimmung, in der die drei sich mittlerweile befinden, kann sie auch der Anblick von *Saal Grün* nicht mehr schocken, als sie sich zur nächsten Wickelrunde aufmachen...

Pfingstmontag

Heute wird ein langer Tag, ist mein erster Gedanke, als mein Wecker mich aus dem Schlaf reißt. Am Abend haben wir Lichterprozession – ein Höhepunkt der Pilgerfahrt. Das Aufstehen fällt mir in Lourdes Gott sei Dank nicht schwer. Meist bin ich vor dem Klingeln des Weckers wach, weil mein Geist schon aktiv wird. Das mechanische Anziehen der Uniform ist unendlich angenehm. Keine Gedanken darüber, was man anziehen soll, wie das Wetter ist oder was einem steht. Jeden Tag dasselbe: Strumpfhose, T-Shirt, Kittel, Schürze, Häubchen, Mantel. Fertig.

07.00 Uhr   Hl. Messe Team

Herrlich. Das Wetter hält, und so haben wir die morgendliche Teammesse draußen auf der Terrasse des Hospitals. Wir sitzen mit Blick auf die große Kirche und die Berge, und die Morgenluft ist frisch und scheint schönes Wetter anzukündigen. Auf den fernen Bergen liegen noch Nebelschwaden, die sich aber schnell verziehen. Wir singen und danken. Das ganze Team ist versammelt und die Schönheit der Umgebung nimmt die meisten gefangen – zumindest wohl die, die schon ganz wach sind, was man nicht von allen behaupten kann. Was den Einzelnen wohl durch den Kopf geht? Freuen sie sich auf die Herausforderung? Oder sehnen sie sich gar schon nach ihrem kleinen Schützling, der bereits einen Weg in ihr Herz gefunden hat? Meine Gedanken werden von zwei Nachzüglern, die offensichtlich verschlafen haben, unterbrochen, die sich verschämt einen Platz suchen. Verschlafen geht gar nicht. Das schadet dem Teamgeist der ganzen Truppe, und in extremen Fällen kommt auch noch ein Kind zu kurz, was einfach nicht in Ordnung ist.

Tatjana atmet tief die kühle Morgenluft ein und lauscht dem Priester. Das Evangelium ist Matthäus 9,1–8 aus dem Neuen Testament: „Jesus stieg in das Boot, fuhr über den See und kam in eine Stadt. Da brachte man auf einer Tragbahre einen Gelähmten zu ihm. Als Jesus ihren Glauben sah, sagte er zu dem Gelähmten: Hab Vertrauen, mein Sohn, deine Sünden sind dir vergeben! Da dachten einige Schriftgelehrte: Er lästert Gott. Jesus wusste, was sie dachten, und sagte: Warum habt ihr so böse Gedanken im Herzen? Was ist leichter, zu sagen: Deine Sünden sind dir vergeben! Oder zu sagen: Steh auf und geh umher? Ihr sollt aber erkennen, dass der Menschensohn die Vollmacht hat, hier auf der Erde die Sünden zu vergeben. Daraufhin sagte er zu dem Gelähmten: Steh auf, nimm deine Tragbahre und geh nach Hause! Und der Mann stand auf und ging heim. Als die Leute das sahen, erschraken sie und priesen Gott, der den Menschen solche Vollmacht gegeben hat." Tatjana hört diesen Text nicht zum ersten Mal, aber bei der nachfolgenden Predigt geht ihr ein Aspekt besonders zu Herzen, den sie bisher nie gesehen hat: dass Jesus die Verletzung der Seele als heilenswerter ansieht als die des Körpers. Er spricht sogar aus, dass es ihm wichtiger ist, Sünden zu vergeben, als den Körper zu heilen. Heilung ist dazu da, um zu zeigen, dass Sünden vergeben werden können… Nicht nur um des Gelähmten willen, sondern um seine Vollmacht offenbar werden zu lassen, heilt er ihn schließlich auch von der Lähmung.

Denn seine Frage: „Was ist leichter, zu sagen: Deine Sünden sind dir vergeben!, oder zu sagen: Steh auf und geh umher?", die er mit dem Wunder selbst zu beantworten scheint, ist so offensichtlich nicht zu beantworten. Denn das tatsächlich größere Wunder war die Vergebung der Sünde. Und um zu „beweisen", dass er dazu die Macht hat, vollbringt er ein „äußeres" Wunder. Das eigentliche Wunder vollbringt Jesus im Innern.

Der Priester beendet seine Predigt mit den Worten: „Diese Begegnung stimmt mich nachdenklich. Wie sehr sind wir auf das Äußerliche fixiert. Wie beeindruckt wären wir, einen Gelähmten zu sehen, der aufsteht und geht. Aber realisieren wir, dass wir immer und immer wieder durch die Beichte viel größere Heilung erfahren dürfen? Dass unsere Sünden wirklich und wahrhaftig vergeben sind? Dass Jesus unsere Seele ganz und gar heilt? Jedes Mal wieder? Jedes Mal wieder!"

Tatjana fühlt sich davon eigenartig angesprochen. Die Frage ist ihr in den letzten Tagen schon oft durch den Kopf gegangen, ob sie eigentlich an Wunder glaubt und wie sie für Kira beten kann. Vielleicht braucht Kira gar kein Wunder. Vielleicht ist sie innerlich so heil und gesund, wie man es sich nur wünschen kann. „Vielleicht bin ich diejenige, die Heilung braucht", denkt Tatjana.

07.30 Uhr *Morgenbesprechung Saalschwestern*

Die Nacht war wieder unruhig. Kenny hat kaum geschlafen, weil Kalle ihn geärgert hat. Also wird er ab morgen in einen anderen Raum geschoben, damit er seine Ruhe hat. Die kleinen Kaspers, Kajetans und Kasimirs haben ihren *Saal Grün* in einer nächtlichen Aktion komplett mit Schmierseife eingeschmiert. Die frechen kleinen Buben sind eher stolz auf die Schweinerei, die sie angerichtet haben. Der Boden glänzt und ist glitschig. Nicht so zufrieden ist die zuständige Saalschwester. Dort wird also eine ziemliche Putzorgie stattfinden müssen. Ich bin sehr erleichtert, als ich den guten Ausgang von Katinkas nächtlichem Ausflug mitbekomme, und bin mal wieder überzeugt, dass der Herr ein ganz besonderes Auge auf unsere Schützlinge hat. Gott sei Dank.

10.00 Uhr *Verladen*

Nach dem Frühstück machen wir uns bereit, um zur Kindermesse zu ziehen. Wie immer drehe ich eine letzte Runde durch
alle Säle, um Tobias dann ein Zeichen zu geben, dass wir ab-
marschbereit sind. Klara und Karlotta, beide bewegungsunfähig in ihren Rollstühlen, sind die Letzten. Gemeinsam
mit ihnen und ihren Betreuern gehe ich nach unten. Dicke
Schichten Sonnencreme werden auf den Gesichtern verteilt.
Klaus grinst mich aus seinem Wägelchen an und ich erwidere
seinen Handschlag. Er ist ein milder, großer Bub, der lange
Beinschienen trägt. Damit kann er jetzt wieder laufen. Er ist
wohl zu schnell gewachsen und musste ein halbes Jahr im
Rollstuhl verbringen. Er schaut einen immer freundlich an,
sagt nicht viel und hat sich gleich mit seinem Betreuer ange-
freundet. Ich gebe ihm noch bisschen Creme, die er präzise
auf seinem Gesicht verteilt. Der Altar, an dem wir die Kindermesse feiern werden, ist um diese Zeit ziemlich der Sonne
ausgesetzt und wir wollen keinen Sonnenstich riskieren. Hüte
werden verteilt und es geht los.

10.30 Uhr *Hl. Messe mit den Kindern*

Die Messen mit den Kindern sind besonders schön, weil wir
nur unter uns sind, sie wird auf Deutsch gehalten, und die Kinder sind mit Freude bei der Sache. Wenn man die Schar der
Kinder zum ersten Mal trifft, dann ist es schwer vorstellbar,
wie sie an einer Messe teilhaben. Aber die, die hören können,
hören zu und unser Priester geht mit seiner Predigt immer besonders liebevoll auf sie ein. Er lässt sie zu Wort kommen und
bindet sie ein. Die meisten Kinder kennen den Gottesdienst
aus ihren Heimen. Sie kennen die Lieder, sie kennen die Ab-
läufe. Es ist ihnen nicht fremd.

Kajetan und Kasper sind schon als Ministranten gekleidet, als ich mit den Letzten ankomme. In ihren weiten, weißen Gewändern stehen sie da und lassen sich von unserem Priester erklären, was ihre Aufgabe ist. Tobias, Theodor und ich bilden den Chor – mehr Gitarre als Chor, aber Musik. Manche Kinder haben Rasseln oder eine Trommel ergattern können und unterstützen uns eifrig – manchmal sogar im Rhythmus. Die kleine Kiki strahlt, während sie in ihrer spastisch verkrümmten Hand die Rassel durch die Luft schwingt. Gemeinsam mit den anderen Rollstuhlkindern wurde sie in den Schatten gestellt. Der Rest verteilt sich auf den grünen Bänken, die in einem Halbkreis aufgestellt sind. Der Altar befindet sich links in einer Nische auf dem Vorplatz der Basilika. Während der Messfeier beobachte ich die Ministranten. Kajetan imitiert mit ernstem Gesicht, über das manchmal kurz ein schelmisches Grinsen zieht, immer wieder unseren Priester – breitet weit die Arme aus, segnet. Das bringt viele zum Lachen, mich aber rührt es irgendwie an. Wer weiß schon, was in seinem Herzen vor sich geht. Er verpasst seinen Einsatz zum Klingeln nicht und beide Ministranten machen ihren Job sehr gut und aufmerksam. Die Fürbitten werden von verschiedenen Kindern genuschelt, nachgesprochen und verzagt geflüstert – aber ich bin überzeugt, dass sie mit doppelter Kraft zum Himmel aufsteigen. Nach der Messe ziehen wir gemächlich über die Esplanade.

11.30 – 12.15 Uhr *Kindermittagessen*

Mittlerweile haben alle schon Routine bei den Mahlzeiten entwickelt. Die Medikamente werden eingenommen, die Vorlieben und speziellen Wünsche sind bekannt. Inzwischen sind wir nicht mehr alleine im Speisesaal, aber die freundlichen Iren, mit denen wir uns den Speisesaal teilen, lassen sich von unserem Lärm nicht irritieren. Sie singen einen Kanon zum Segen, was Kajetan zum Anlass nimmt, sich vor ihnen aufzubauen und sie zu dirigieren. Sie sind gerührt! Wir amüsiert.

12.30 – 14.30 Uhr *Mittagsruhe für einige Kinder, Nachmittagsprogramm*

Um das Programm ein bisschen aufzumischen, haben wir beschlossen, heute mit gesammelter Mannschaft Eis essen zu gehen. Dazu wurde ein ganzes Café reserviert und um 15 Uhr ziehen wir los. Ich habe dummerweise verpasst, meinen Saalschwestern mitzuteilen, dass wir die Sakramentsprozession ausfallen lassen, was zu kurzer Verwirrung führt. Eine Entschuldigung meinerseits ist fällig. Ich hatte es schon einigen Teammitgliedern gesagt, aber nicht „allgemein" verkündet, weil Tobias das machen wollte. Mein Fehler, denn er ist ja nicht da, weil er sich um das Café kümmert. Für mich ist es immer ein kurzer Moment der Anspannung, wenn Tobias ungeplant weg ist und ich nicht recht weiß, wie ich weiter verfahren soll. Aber die Saalschwestern sind für ihre Teammitglieder *die* Ansprechpartner und eine gute Kommunikation zwischen ihnen und mir ist unerlässlich. Und das gilt natürlich in beide Richtungen.

Als wir bei dem Café ankommen, nimmt mich Stephan beiseite, und nachdem ich noch ein weiteres Missverständnis aufgetischt bekomme, breche ich in Tränen aus. Die Müdigkeit, die schmerzenden Füße, die vielen Gedanken – da kann ein kleines Problem das Fass auch schnell mal zum Überlaufen bringen. Aber die Tränen tun gut, weil sich so die Anspannung löst. Wir trinken gemütlich Kaffee, während die Kinder ihr Eis genießen. Und mit Stephan kann ich herrlich über alle Gedanken und Probleme sprechen. Es sind – Gott sei's gedankt – nur kleine Probleme, aber Kleinvieh macht eben auch Mist!

Ich nehme die Gelegenheit wahr, um ihn über seine Erlebnisse des letzten Jahres auszufragen. Stephan hat nämlich ein Wunder erlebt. Ein ganz Persönliches. Im Sommer letzten Jahres wurde er mit Verdacht auf Blinddarmentzündung ins Krankenhaus eingeliefert. Er erzählt, dass der Blinddarm schon durchgebrochen war und es eine lange OP wurde. Ihm wurde nur langsam bewusst, wie knapp er dem Tod entronnen war. Sie haben ihn dann im Krankenhaus behalten und nach langem, sorgenvollem Warten und geheimnisvollem Hin und Her bekam er erneut eine Diagnose. Alle taten sehr geheimnisvoll und plötzlich hieß es, es sei eine Knochenmarkuntersuchung nötig.

„Da war ich schon ein bisschen irritiert. Warum Knochenmarkuntersuchung? Sie haben mir hinten in den Beckenknochen gebohrt. Und dann haben sie zu mir gesagt: Bei Ihnen regenerieren sich die weißen Blutkörperchen nicht mehr, und Sie haben keine gesunden weißen Blutkörperchen mehr."

Es wurde alles mehrere Male kontrolliert. Er erklärt mir: „Bei mir war es so, dass bei den weißen Blutkörperchen nur aggressive und böse entstanden und keine guten mehr. Mein Körper konnte die gesunden weißen Blutkörperchen nicht mehr produzieren. Es wurde akute Leukämie diagnostiziert und die Ärzte gaben mir noch zwei bis drei Wochen. Zack."

Beim Erzählen lacht Stephan, aber sein Zustand damals war nicht zum Lachen. Es war sehr ernst. Er war völlig überfordert von der Situation. Er beschreibt seine Gemütslage in diesen Tagen als „ein Nullgefühl". Und er wusste nicht, was er damit anfangen sollte.

Wie geht man damit um, wenn man gesagt bekommt, dass man jetzt bald stirbt? Auf jeden Fall hat er ein Testament gemacht, weil seine größte Sorge war, wie seine Frau und seine Kinder damit klarkommen würden. Und dann kam seine Schwester vorbei, und er sagt: „Dann kam das, was komisch war." Sie kam mit einer blauen Thermoskanne (daran erinnert er sich interessanterweise ganz genau) mit Lourdeswasser zu ihm. Und sie sagte: „So, das trinkst du jetzt."

Hier muss er bei der Erinnerung ziemlich lachen: „Es ist so echt – nachdem ich damals schon, also letztes Jahr, 28 Mal in Lourdes gewesen bin, war für mich die einzige Frage, die ich mir mit dem Glas in der Hand, gestellt habe: Ist das noch gut? Ist das noch in Ordnung? Das steht doch sicher schon seit Jahren in unserer Garage!!"

Äußerst skeptisch hat er das Wasser seiner Schwester zuliebe dann doch getrunken. Er trank die ganze Thermoskanne aus, ohne etwas zu erwarten. „Und dann haben sie wieder Blut abgenommen und ein, nein zwei Tage später sind sie hereingestürmt – na ja: nicht gestürmt. Es ist halt der Oberarzt reingekommen und hat gesagt: Herr H., irgendetwas ist anders, wir müssen noch mal Knochenmark entnehmen – die Werte sind irgendwie plötzlich anders."

Es folgten noch weitere Untersuchungen und die folgenden Tage müssen für die Familie die Hölle gewesen sein. Die Unsicherheit, das Warten.

„Es war eine groteske Situation. Aber ich habe alles nicht so wahrgenommen. Und dann kam die zweite Besprechung in der Klinik gemeinsam mit meiner Frau. Der Oberarzt sagte: ‚Herr H., über Ihnen hat ein Damoklesschwert gehangen – wir können es uns nicht erklären, aber ihre weißen Blutkörperchen regenerieren sich wieder – wenn wir eine Universitätsklinik wären, würden wir Sie hier behalten und alles genau untersuchen. Es ist weg! Wir können uns nicht erklären wie…' Das wars."

Stephan kam durchaus eine Erklärung in den Sinn, aber die hätte so absurd geklungen, dass er sie dem Arzt nicht erzählen konnte. Das Lourdeswasser. Konnte das sein?

„Weißt du, es ist so komisch. Man ist auf der einen Seite gläubig und auf der anderen Seite bist du's eben nicht."

Er wurde danach von mehreren gedrängt, das Geschehene aufzuschreiben und dies in Lourdes einzureichen, um es prüfen zu lassen. Aber das wollte er nicht.

„Damit ich dann in einem oder zwei oder zehn Jahren erfahre – nein – das ist nicht so gewesen – wird nicht anerkannt. Das will ich nicht. Das ist eine Sache zwischen der Mutter Gottes und mir, und ich nehme es dankend an. Ich weiß, auf was für einem dünnen Seil ich mich bewegt habe…"

Die erste Reaktion von den meisten Leuten war: Das ist eine Frechheit, so eine Fehldiagnose von den Krankenhäusern. Stephan schaut mich an:

„Ja – in der Sekunde, in der das jemand hört, heißt es: Fehldiagnose."

Aber Stephan weiß, wie es gewesen ist, wie schlecht es ihm ging.

„Ich habe die Papiere gesehen und das waren ja keine Trottel in dem Krankenhaus. Die sind ja nicht deppert. Das war mein Blut. Das war nicht vom Nachbarn oder irgendein Irrtum. Und ein Krankenhaus wird so eine Aussage nicht machen, bevor sich die Ärzte nicht dreimal davon überzeugt haben. Da werden sie einem doch nicht sagen: ‚Sie sind dann bald tot!' "

Ich bin nicht erstaunt über die Reaktion der Menschen, die davon hören – auch ich habe mich instinktiv gefragt, ob da die Ärzte nicht etwas falsch diagnostiziert haben. Aber warum eigentlich?

Ich will gerne noch mehr hören, aber mein Blick fällt auf die Uhr, und wir müssen zurück zu den anderen. Ich nehme Stephan das Versprechen ab, dass er mir noch weiter davon berichtet, und wir brechen auf.

17.00 Uhr   *Sakramentsprozession*

Die eigentlich angesetzte Sakramentsprozession fällt aus und so wird der lange Nachmittag von einigen wieder für ausgiebige Dusch- und Bade-Orgien genutzt. In Lourdes findet jeden Abend eine Lichterprozession statt. Weil sie aber erst beginnt, wenn es zu dämmern anfängt, machen wir mit den Kindern pro Jahr nur eine davon mit. Die Kinder werden schon vorher bettfertig gemacht und über den Schlafanzügen warm angezogen bzw. „verpackt", damit sie danach sogleich ins Bett gesteckt werden können.

19.30 Uhr   *Abendessen Team in 2 Schichten*
im Hospital

Trixi und ihr Küchenteam haben ein wahrlich herrliches Abendessen fürs Team gezaubert. Draußen stehen schön geschmückte Bierbänke und Tische, und das Team genießt es sichtlich, dort beisammen zu sitzen und Reisfleisch und Salat zu verspeisen. Es ist enorm entspannend, dass wir das Essen am Tag der Lichterprozession im Hospital richten können, weil es anders kaum zu organisieren wäre. Immer eine Herausforderung für das Küchenteam!! Schließlich haben alle gegessen, sind alle Kinder wieder angezogen und nur zwei sind schon in den Betten, weil sie nicht so lange aufbleiben dürfen.

20.45 Uhr   *Transport zur Lichterprozession*

Acht unserer Jungen wurden abgestellt, um die Madonnenstatue zu tragen, weswegen wir ganz vorne, direkt hinter der Statue, herziehen dürfen. Die Figur, die auf einem Holzgerüst steht, ist bleischwer, aber wacker machen sich die acht an ihre Aufgabe. Vier unserer Mädchen tragen die vier Kerzen, die

die Statue begleiten. Es sieht eben einfach schön aus, wenn die Träger in Uniform sind – das findet die Hospitalité, die für die Organisation zuständig ist, auch und setzt uns deswegen gerne für solcherlei Dinge ein. Ich mag es eigentlich nicht so gerne, weil ich es besser finde, wenn die Betreuer bei ihren Kindern sind, statt sich den Rücken an der schweren Statue zu verziehen, aber das liegt nicht in unserer Macht. Und es ist wohl auch eine beeindruckende Erfahrung, wie ich den Berichten der Träger entnommen habe.

21.00 Uhr *Lichterprozession*

Tassilo, der heilfroh ist, nicht zum Tragen der Statue abkommandiert worden zu sein, schiebt Klara vor sich her, in einer Hand eine brennende Kerze. Obwohl die Lichterprozession wirklich sehr schön ist, kommt er nicht umhin, die Marienstatue etwas kritisch zu betrachten. Am Mittag hatte er ein langes Gespräch mit Traudl über Götzenverehrung und falsch verstandene Marienverehrung. Traudl, die wegen ihres evangelischen Hintergrunds bisher nicht viel mit der Mutter Gottes zu tun hatte, hat ihn ganz schön in die Ecke gedrängt mit ihren Fragen. Ob es der Mutter Gottes gefällt, dass alle hinter ihr herziehen, wo doch ihr größtes Anliegen immer gewesen ist, auf ihren Sohn Jesus hinzuweisen? Er ist hin- und hergerissen zwischen solchen Argumenten und seiner eigenen Marienverehrung. Irgendwie kann er mit den Sakramentsprozessionen mehr anfangen, da deren Zentrum ganz klar Christus in Gestalt der Hostie ist.

Als das Rosenkranzgebet beginnt, werden die Kerzen entzündet. Manche Kinder können sie selbst halten, bei anderen halten sie die Betreuer stellvertretend für die Kinder. Das bekannte Lourdes-Lied wird zwischen den einzelnen Abschnitten des Rosenkranzes[3] gesungen, und wenn das „Ave" erklingt, werden alle Kerzen nach oben gehalten. Je dunkler es ist, desto schöner kommt das zur Geltung. Kajetan schmettert laut mit und freut sich sichtlich an seiner Kerze, die er gefährlich schräg hält. Damit das Wachs nicht heruntertropft, haben die Kerzen kleine Schutzpapiere, auf denen die Lieder abgedruckt sind: doppelt praktisch.

Langsam ziehen wir um die Esplanade. Wer kein Kind schiebt oder zieht, hat ein Auge darauf, dass von den Kerzen kein Brand entfacht wird. Auf dem großen Platz vor der Basilika ziehen wir in die erste Reihe, und tausende von Menschen wandern in langen Schlangen hinter uns her. Ich setze mich ganz vorne zu den Rollstuhlkindern, und Tobias bleibt bei unseren Schützlingen in den Voituren, die etwas weiter hinten Aufstellung nehmen. Ich setze mich zu Klaus. Sein „Maltesör", wie er sagt, trägt das Kreuz und Klaus strahlt, als ich ihm zeige, wo dieser steht. Als ich ihm später seine Kerze zwischen die Finger schiebe und er sie hochhalten kann, bricht er in schallendes, freudiges Gelächter aus, was über den ganzen Platz zu hören ist.

Till kauert sich vor Karimas Voiture auf den Boden. Das Mädchen sitzt aufrecht da und schaukelt mit dem Oberkörper hin und her. Fasziniert beobachtet sie die vielen Menschen und die Kerzen, immerwährend ihre Zähne reibend. Till ist ziemlich müde. Sein Rücken tut ihm weh, und das wenige Schlafen macht sich mittlerweile stark bemerkbar. Aber innerlich ist er ganz ruhig und zufrieden. Er lässt die Augen über die Kinder schweifen. Die Kerzen sind für die meisten eine Attraktion – Kalle will immer wieder in die Flamme fassen, und Tina hält ihn lachend immer wieder davon ab. Katinka sitzt ganz still, umfasst ihre Kerze mit beiden Händen und lässt die Flamme nicht aus den Augen. Till dreht sich zu Karima um: keine Chance, dass auch sie ihre Kerze hält. Das scheint sie kaum zu interessieren, obwohl sie dazu in der Lage wäre. Ab und zu beugt sie sich nach vorne und legt eine Hand auf Tills Schulter, der davon sehr gerührt ist. Es ist, als wolle sie sich zwischendurch versichern, dass er noch da ist. Schließlich naht das Ende der Zeremonie und das *Magnifikat* wird gesungen. Till kann es auswendig und er singt aus vollem Hals mit.

Als die Lichterprozession beendet ist, ziehen wir zurück ins Hospital und bringen die Kinder ruck-zuck ins Bett. Wir übergeben sie der Nachtwache und gehen zurück zum Hotel. Titian hat ihnen die Tricks mit Aufzug und Hintertür gezeigt, damit ihnen nicht dasselbe passiert wie Tessa die Nacht zuvor.

Auch das Team freut sich aufs Bett, doch fast keiner lässt sich vorher ein Bierchen entgehen! Bevor wir schlafen gehen, setze ich mich, mit einem Panaché in der Hand, noch mal zu Stephan. Trixi ist auch mit dabei. Ich habe ihr von meinem Gespräch mit ihm erzählt und sie ist neugierig. Ich lege gleich los:

„Und hat deine Schwester dir das Lourdeswasser in dem Glauben verabreicht, dass es dich heilt? Habt ihr darüber gesprochen?"

Stephan nickt.

„Sie hat es mir in dem Glauben und mit der tiefen Gewissheit geben, dass es mir helfen wird. Also, ich nehme das Ganze hin und ich sehe es für mich als Wunder und als Geschenk. Was mich mehr erschreckt, ist mein eigener Unglaube, den ich an den Tag gelegt habe. Gerade im Kontrast zum Glauben meiner Schwester: Sie fand: Das ist selbstverständlich. Trink das und dann wird's gut. Und ich dachte eigentlich – ähm – ist das Wasser noch gut??? Dabei war ich doch der große Lourdianer mit allem Drum und Dran. Darüber bin ich eigentlich eher erschüttert gewesen. Mir ist klar geworden, dass eigentlich das Gebet für einen anderen viel stärker ist als das Gebet für sich selber."

Trixi beugt sich vor und will wissen:

„Nach Lourdes fährst du aber aus tiefster Überzeugung, oder?"

Stephan lehnt sich zurück und holt aus:

„Schau – man muss da ehrlich sein. Im Endeffekt war es familiär bedingt. So wie heutzutage auch viele aus Familientradition Malteserritter werden. Das ist halt so. Das ist schon immer so gewesen und so geht es halt weiter. Unhinterfragt."

Er meint, dass sich sein Glauben mit der Zeit entwickelt hat. Das entsteht, ist nicht auf einmal da, nur, weil man nach Lourdes fährt.

„Ich war lange Zeit dabei, weil es sich so gehört und weil es Tradition in unserer Familie ist und weil man das eben so macht. Ich habe, ehrlich gesagt, nicht viel darüber nachgedacht."

Er vergleicht es mit dem sonntäglichen Messgang. Man geht hin, weil die Eltern hingehen und weil es sich so gehört. Die Auseinandersetzung damit kam bei ihm viel später.

„Deswegen bin ich seit dem Erlebnis auch ein Mensch, der ungerne den Rosenkranz runterleiert. Denn wenn ich den Rosenkranz bete, dann bete ich gerne den ganzen Rosenkranz mit vollem Bewusstsein. Vielleicht bin ich jetzt in einer radikaleren Phase. Ich mache eigentlich nicht gerne einen Ritus mit, *nur* weil es Ritus ist und sich so gehört. Wenn ich teilnehme, dann will ich auch wach und bei der Sache sein und es selbst entscheiden. Ich bin mit der Selbstverständlichkeit von Lourdes groß geworden. Meine Eltern sind nach Lourdes gefahren, ich war beeindruckt von den Geschichten, ich war sehr früh konfrontiert mit der Heiligen Bernadette und … natürlich war ich voll und ganz bei der Sache, wissend, um was es geht, aber hinterfragt habe ich es nicht."

„Würdest du sagen, dass du von dem Wunder überfordert warst? Wie Philipp Boeselager, als er von seinem ersten Lourdesbesuch und dem Wunder erzählt? Der schreibt, es habe ihn komplett überfordert, und er bete seitdem um Heilung immer mit dem Zusatz: ‚Herr – mach ihn heil, aber lass es mich nicht erleben!‘ Weil es eigentlich zu groß war für seinen Geist, um es zu begreifen…“, meine ich.

Stephan verneint.

„Vielleicht habe ich so einen geringfügigen Geist, dass ich es immer noch nicht ganz akzeptiert oder gesehen oder ganz verinnerlicht habe. Ich habe dieses Jahr bei der Grotte gesessen und habe versucht, ein Zwiegespräch zu halten und aus mir rauszukommen. Und es ist mir dieses Jahr noch nicht ganz gelungen. Vielleicht gelingt es mir nächstes Jahr! Ich habe meine Heilung auf jeden Fall einfach angenommen. Vielleicht, weil ich noch so einen Kinderglauben habe …“

„Ist ja eigentlich auch ganz cool, es als Möglichkeit einfach so anzunehmen, ohne es als übersensationell zu sehen. Weil man es Gott so ja auch irgendwie viel mehr zugesteht.“

„Das Krasse ist vielleicht, dass ich es anders sehe als mein Umfeld, weil ich meinen Zustand vielleicht auch nicht ganz angenommen hatte. Dass ich nur noch zwei bis drei Wochen hatte. Ich habe den Ernst der Lage nicht an mich herangelassen – das sagen mir eher die anderen. Aber vielleicht schützt mich das vor anderen Dingen, dass ich es nicht so an mich herangelassen habe. Ich versuche es anzunehmen und sage ‚Danke‘ und sehe es auch als absolutes ‚Danke‘, denn irgendwie weiß man tief im Inneren, was einem da geschenkt wurde. Ich glaube, deshalb war das letzte Jahr eines meiner zufriedensten Jahre.“

Er hält kurz inne und meint dann noch:

„Und genauso kommt man relativ schnell in die Selbstverständlichkeit zurück. Sonst würde ich ja permanent herumrasen und rufen: ‚Um Gottes Willen, was habe ich da für ein Geschenk bekommen' – permanenter Ausnahmezustand. Das wäre so, als wenn ich die ganze Zeit herumliefe, wenn eines meiner Kinder gesund auf die Welt käme und es herausbrüllen würde. Und ich nur mehr fassungslos wäre, dass ich ein gesundes Kind habe.

Ich glaube, wir erleben permanent viel mehr Wunder, als wir eigentlich realisieren und sehen. Nämlich PERMANENT erlebt man Wunder – im ganz normalen Leben. Wir nennen es dann Zufälle oder Schicksal oder irgendwas, aber es sind Wunder. Es sind einfach gewisse kleine Wunder, kleine oder größere. Das ist wunderbar und wunderschön. Man nimmt es einfach so hin. Gott sei Dank ist das so, sonst würde man das geistig alles gar nicht aushalten."

Wir sprechen noch eine ganze Weile weiter. Über Wunder und Erwartungen, und was wir sehen können und was wir nicht sehen können.

Dienstag nach Pfingsten

10.30 Uhr   *Hl. Messe mit Krankensalbung*

Die Krankensalbung ist immer besonders anrührend. Das Sakrament der Krankensalbung erfüllt den Auftrag des Herrn, sich in seinem Namen den Kranken zuzuwenden.

Jedes Mal wieder ist es für mich schwer, dass nur die katholischen Kinder das Sakrament bekommen dürfen. Ich kann es theologisch nachvollziehen, aber es hinterlässt Trauer in mir. Unser Priester hat mir das erläutert: „Voraussetzung, überhaupt ein Sakrament empfangen zu können, ist die Disposition. Das ist in jedem Fall die Taufe, aber auch die Zugehörigkeit zu dem Leib, in dem die Sakramente wirken. Die Zugehörigkeit zu einer anderen Religion schließt die Möglichkeit generell aus, das Sakrament zu empfangen. Wenn in unserem Lourdeszug bisweilen die Frage nach der Spendung von Sakramenten für Nichtkatholiken auftaucht, geschieht das nach meinem Eindruck oft als Frage nach der Gerechtigkeit und Barmherzigkeit. Schließlich haben die Kinder sich ja nicht selber ihre Konfession ausgesucht ... Das ist sicherlich zu bedenken, aber wir müssen ja auch den Elternwillen berücksichtigen. Außerdem geht es ja um ein Glaubenszeugnis, zu dem es u. a. gehört, dass wir die Sakramente einsetzen als das, was sie sind, und nicht als ein mehr oder weniger zu unserer Verfügung stehendes Mittel der Zuwendung ...“

Kajetan und sein Kamerad sind schon geübte Messdiener und während der Krankensalbung begleiten sie unseren Priester und tragen das Öl und die Wattebäusche. Erst betet dieser jedoch:

„Liebe Kinder, Liebes Team, unser Herr Jesus Christus hat uns durch den Apostel Jakobus aufgetragen: ‚Ist einer von euch krank? Dann rufe er die Ältesten der Gemeinde zu sich: Sie sollen für ihn beten und ihn im Namen des Herrn mit Öl salben. Das Gebet aus dem Glauben wird den Kranken retten, und der Herr wird ihn aufrichten; wenn er Sünden begangen hat, werden sie ihm vergeben.' Darum komme ich heute als Priester der Kirche zu euch, um für euch zu beten und euch zu salben. Wir empfehlen jeden von uns, auch die, die die Krankensalbung nicht empfangen, der Gnade und der Kraft Christi an, damit er Erleichterung und Heil finde."

Der Priester geht von einem Kind zum nächsten. Tatjana steht hinter Kira und hat ihr die Hände auf die Schultern gelegt. Kira ist katholisch und wird deswegen die Krankensalbung empfangen. Tatjana beobachtet, wie der Priester Karima segnet, ohne ihr das Sakrament zu spenden. Das rührt sie irgendwie total an. Als er dann vor Kira steht, nimmt er ihre Hände. Er muss die linke Hand erst aufbiegen, weil Kira sie wie immer zur Faust geballt hat. Er macht mit dem Öl ein Kreuz in jede Handfläche und dann auf die Stirn des Mädchens. Dabei sagt er: „Durch diese heilige Salbung helfe dir der Herr in seinem reichen Erbarmen, er stehe dir bei mit der Kraft des Heiligen Geistes. Der Herr, der dich von Sünden befreit, rette dich. In seiner Gnade richte er dich auf."

Tatjana bekommt eine Gänsehaut und kann ihre Tränen nicht zurückhalten. Vor ihrem inneren Auge sieht sie Kiras Gang – gebeugt, fast wie mit einem Buckel. Und jetzt, während der Priester schon zum nächsten Kind weitergeht, steht sie ganz still. Sie schwingt nicht wie üblich hin und her und ihre Hände hängen ganz gelöst an ihrer Seite. Tatjana umarmt sie von hinten und weiß sich nur mit einem leisen „Danke" an den Himmel zu wenden. Dann setzen sie sich wieder hin. Ganz ruhig. Als der Priester bei allen Kindern war, lauscht sie auf das abschließende Gebet:

„Barmherziger Gott, du kennst das Gute, das in jedem Menschen ist, du vergibst die Sünden jederzeit und verweigerst die Verzeihung keinem, der dich darum bittet: Erbarme dich deines Dieners. Gib, dass diese heilige Ölung, die er empfangen hat, und das Gebet unseres Glaubens ihn aufrichten, verzeihe ihm seine Sünden und schenke ihm deine Liebe. Durch Christus, deinen Sohn, der den Tod besiegt und das Tor zum ewigen Leben geöffnet hat, der mit dir lebt und herrscht in alle Ewigkeit."

Am Ende wird ein *Vaterunser* gebetet, in das Tatjana mit vollem Herzen einstimmt.

Wir singen während der Krankensalbung:

„Gottheit tief verborgen, betend nah' ich dir.
Unter diesen Zeichen bist du wahrhaft hier.
Sieh, mit ganzem Herzen schenk ich dir mich hin,
weil vor solchem Wunder ich nur Armut bin.

Augen, Mund und Hände täuschen sich in dir,
doch des Wortes Botschaft offenbart dich mir.
Was Gott Sohn gesprochen, nehm ich glaubend an;
er ist selbst die Wahrheit, die nicht trügen kann.

Einst am Kreuz verhüllte sich der Gottheit Glanz,
hier ist auch verborgen deine Menschheit ganz.
Beide sieht mein Glaube in dem Brote hier;
wie der Schächer ruf ich, Herr, um Gnad' zu dir.

Kann ich nicht wie Thomas schaun die Wunden rot,
bet ich dennoch gläubig: ‚Du mein Herr und Gott!'
Tief und tiefer werde dieser Glaube mein,
fester lass die Hoffnung, treu die Liebe sein.

Denkmal, das uns mahnet an des Herren Tod!
Du gibst uns das Leben, o lebendig Brot.
Werde gnädig Nahrung meinem Geiste du,
dass er deine Wonnen koste immerzu.

Gleich dem Pelikane starbst du, Jesu mein;
wasch in deinem Blute mich von Sünden rein.
Schon ein kleiner Tropfen sühnet alle Schuld,
bringt der ganzen Erde Gottes Heil und Huld.

Jesus, den verborgen jetzt mein Auge sieht,
stille mein Verlangen, das mich heiß durchglüht:
Lass die Schleier fallen einst in deinem Licht,
dass ich selig schaue, Herr, dein Angesicht."[4]

Es ist ein Lied, das ich ruhig und wunderbar finde. Dann singen wir noch Bonhoeffers Lied „Von Guten Mächten wunderbar geborgen…", in das viele mit einstimmen. Der Text dieses Liedes gibt wieder, was viele fühlen: von guten Mächten wunderbar geborgen zu sein.

11.30 – 12.15 Uhr   *Kindermittagessen, alle helfen*

Während alle anderen beim Mittagessen sind, sitzt Theodor an Kennys Bett. Der Kleine speit schon wieder, und langsam ist es besorgniserregend. Theodor fühlt sich genauso jämmerlich, wie Kenny aussieht. Nachdem er das Bübchen sauber gemacht hat und ihm frische Kleidung verpasst hat, liegt Kenny jetzt ganz still in seinem Bettchen. Theodor möchte irgendetwas unternehmen, aber er kann nichts tun. Alles, was Kenny isst oder trinkt, speit er kurz darauf wieder aus. Es ist zum Verzweifeln. Theodor weiß, dass es nicht seine Schuld ist – der Kleine ist eben krank. Aber er fühlt sich verantwortlich. Außerdem hat er

Kenny bereits ins Herz geschlossen, und es tut ihm unendlich leid, dass er krank ist, anstatt wie die anderen Kinder herumzutollen. „Wenn er wenigstens die Flüssigkeit bei sich behalten würde", denkt er bei sich.

12.15 – 14.15 Uhr   *Teammittagessen*

Nach dem Mittagessen schaut der Arzt noch mal nach Kenny. Er hat kein Fieber und klagt über keine Schmerzen, aber er behält eben auch nichts bei sich. Ein Magen-Darm-Virus?

„Vielleicht wäre es besser, ihn von den anderen Kindern fernzuhalten", denkt Theodor. „Wenn das die Runde macht – na, dann gute Nacht!"

Er beobachtet Kenny, der fasziniert das Ohr-Fieber-Thermometer, mit welchem der Arzt seine Temperatur gemessen hat, an sich nimmt, um damit zu spielen. Das weckt ihn für eine Weile aus seiner Mattheit. Immer wieder hält er es in sein Ohr und wartet geduldig, bis Theodor den kleinen Knopf drückt, woraufhin es piept. Das bringt ihn zum Lachen, was Theodor zufrieden zur Kenntnis nimmt. Er versucht es erneut. Und noch einmal. Eine ganze Weile ist er damit beschäftigt. Sehr präzise packt er die Gerätschaften dann wieder ein und beginnt mit dem Stethoskop erst seinen eigenen, dann Theodors Herzschlag zu erfühlen. Der Arzt, der am Ende des Bettes steht, beobachtet ihn dabei. „Du auch", wendet sich Kenny an ihn und will auch seinen Herzschlag hören. Die Bewegungen des kleinen Mannes sind sicher, sein Interesse wach. Aufmerksam lauscht er den unterschiedlichen Herzschlägen. Schließlich meint der Arzt, es gebe wohl keinen akuten Grund zur Sorge, aber sicherheitshalber werde er jetzt öfter nach ihm schauen. „Also gut", denkt Theodor erleichtert, „überlassen wir die Sorgen der Mutter Gottes!"

12.30 – 14.30 Uhr   *Mittagsruhe für einige Kinder,*
spielen mit dem Rest

Die Pause verbringe ich mit Kiki. Das kleine Mädchen möchte malen, und während wir Bilder produzieren, zeigt sie mir, dass sie auch schon ein bisschen schreiben kann. Sie ist stolz wie Oskar. Wir spielen auch ein paar Runden Memory. Kiki hat motorische Schwierigkeiten, schafft es aber immer alleine, die Karten umzudrehen, wobei sie die anderen fast vom Tisch fegt. Da ist Geduld gefordert. Sowohl von ihr als auch von mir. Zu gerne möchte ich ihr helfen, aber es wäre keine Hilfe, die Karten für sie umzudrehen. Sie kann das. Und sie will es alleine machen. Und ihre heiteren Augen blitzen jedes Mal verschmitzt auf, wenn sie wieder ein Pärchen einsammelt. Der kleine Blondschopf hat ein gutes Gedächtnis und schlägt mich um Längen, auch wenn Kiki bei der zweiten Runde ziemlich schummelt, was ihr einen Heidenspaß macht.

Tassilo sitzt mit Klara in seinem Zimmer auf dem Bett. Er hat sie lange beobachtet. Wirklich glücklich ist sie eigentlich immer nur dann, wenn er sie auf dem Arm hält – und so gab es in den letzten Tagen nicht sehr viele Momente, in denen er sie nicht auf dem Arm hatte. Und legt er sie nachmittags doch einmal kurz in ihr kleines Gitterbettchen, dann greint sie so lange, bis er sie wieder herausholt und auf den Arm nimmt. Heute endet es damit, dass Tassilo sich auf einem Bett des Krankenhauses ausstreckt, das Kind auf seinen Bauch legt und selbst ebenfalls einschläft. Auf ihm liegend schlummert Klara, als könne sie sich keinen gemütlicheren Platz vorstellen. Er stellt fest, dass er seit der ersten Umarmung im Zug kaum mehr mit Klara gesprochen hat – irgendwie scheint das gar nicht nötig zu sein. Die beiden verstehen sich völlig ohne Worte. Klara will, dass mit ihr geschmust, dass sie herumgetragen oder über die weichen Wangen gestreichelt wird, und Tassilo kann mittlerweile gar nicht genug vom Schmusen, Herumtragen und Wangenstreicheln bekommen. Von diesem Kind angestrahlt oder auch nur milde angelächelt zu werden, macht ihn so glücklich, wie ihn schon sehr, sehr lange nichts mehr glücklich gemacht hat. Man könnte fast sagen, er hat sich Hals über Kopf in das kleine Mädchen verliebt.

14.30 Uhr   *Besuch der Grotte mit den Kindern*

Wir sind für drei Uhr angemeldet. In einer langen Schlange ziehen wir zur Grotte. Die schier endlose Reihe der Pilger, die sich links von der Grotte staut, um durch die Felshöhle zu pilgern, wird immer wieder unterbrochen und zurückgehalten, wenn Gruppen mit Kranken kommen. Die haben hier in Lourdes immer Vorrang. Viele der Kinder haben die Erfahrung gemacht, anders zu sein als die anderen. Hier ist das nichts Besonderes. Keiner schaut verschämt weg oder weiß nicht, wie er sich verhalten soll. Im Gegenteil – die Kinder begegnen offenen und zugeneigten Gesichtern, die sich über sie freuen. Das tut gut.

Viele der Kinder genießen den Besuch in der Grotte sehr. Die „*Grodde*" ist ebenso wie die „*Mudder Goddes*" ein Fixpunkt, den sie mit Lourdes in Verbindung bringen. Ein Besuch in der Grotte bedeutet, dass man hinter dem Altar, der in die Felsenhöhle gebaut ist, an der Felsenwand entlanggeht. Es ist ein sehr kurzer Weg. Man kann die Quelle unter einer Glasplatte sehen, die Wand berühren und hat die ca. 15 Meter lange Strecke schnell hinter sich.

Die Kinder halten ihre Hände aus den Wagen, um sie an der Grottenwand entlangstreifen zu lassen. Viele von ihnen verstehen, dass dies der Ort ist, an dem die Mutter Gottes irgendwie, irgendwann war und für sie noch ist. Es ist ein heißer Tag und der kurze Gang durch den Schatten der Grotte bringt eine angenehme Kühlung. Ich sehe Kajetan zu, der begierig seinen Betreuer nach mehr Geschichten fragt und geradezu ausquetscht, sich fast aus dem Wagen wirft bei dem Versuch, die Quelle richtig zu sehen, und andächtig seine Hand an den glatt gegriffenen Fels legt.

Titian ist einer der Letzten, der an der Grotte ankommt, weil er schnell noch Kais Windel wechseln musste, als zum Aufbruch geblasen wurde. Den blauen Wagen lässt er etwas weiter weg stehen. Kai kann schließlich laufen und der Gang durch die Grotte ist gut machbar. Titian nimmt den Jungen an die Hand und tritt als Letzter durch die Absperrung, bevor sich wieder die Pilgermassen über die Heilige Stätte ergießen. Ganz langsam wandert er mit Kai an dem Felsen entlang. Hier und da ist ein dünnes Rinnsal zu sehen. Der Fels ist von tausenden von Händen über die Jahre ganz glattgeschliffen worden. Kais Blick irrt unruhig umher. Als Titian seine Hand nimmt, um sie an die Felswand zu führen, zuckt er erst mal erschrocken zurück. Der Fels ist trotz der Hitze erstaunlich kühl. Beim zweiten Versuch lässt er seine Hand eine Weile auf dem glatten Stein liegen. Und dann – von einem Moment zum anderen beugt er sich nach vorne, leckt die kühle Wand ab und drückt seine Wange daran. Titian schaut sich leicht verunsichert um und will ihn weiterziehen. Dann ruft er sich innerlich zur Ordnung. Wenn es das ist, was Kai in diesem Moment Freude macht – und genau das scheint der Fall zu sein –, dann wird er, Titian, sich nicht von den Blicken der Umstehenden verunsichern lassen. Also lässt er den Jungen gewähren. Der kühle Fels scheint ihm zu gefallen. Mit beiden Händen streicht er darüber. Und genauso plötzlich wie sein Interesse erwacht ist, scheint es wieder zu erlöschen. Titian ist verblüfft, als Kai seine Hand fasst und zielstrebig hinter den anderen hertrottet.

Das Nachmittagsprogramm haben sich die einzelnen Säle ausgedacht. Eine kleine Gruppe fährt zum Beispiel mit der Bimmel-Bahn durch die Stadt. Eine andere geht mit den Kindern einkaufen. Andere sammeln sich gleich zum Spielen auf der so genannten *Prärie*, der großen Wiese, wo wir uns alle später wieder treffen. Ich geselle mich zu Kenny und Theodor, und wir wandern hinter den anderen aus *Saal Gelb* gemütlich an den Bädern vorbei, über die Brücke zum hinteren Kreuzweg. Weil die Sonne ziemlich sticht, versuchen wir nicht einmal einen ganzen Rosenkranz zu beten, sondern wir schauen uns nur die monumentalen Abbildungen des Kreuzweges an. Meine sommersprossige Cousine Töni schiebt Kurt vor sich her, der sein gelbes Zimmer mit Krümel teilt. Kurt ist acht Jahre alt und spricht nie. Wenn er in seinem Rollstuhl sitzt, dann schlägt er oft ein Bein übers andere und schaut mit undurchschaubarer Miene in der Gegend rum. Zu gerne wüsste ich manchmal, was in seinem Kopf vor sich geht. Er ist autistisch und nur sehr selten ist ihm eine Reaktion zu entlocken – am besten mit etwas zu essen. Aber wenn er lächelt, dann strahlt sein dunkles, kleines Gesicht! Töni kümmert sich mit einer Hingabe um ihn, dass es eine Freude ist. Beide will man hin und wieder auf die weichen Wangen küssen!

Die Besichtigung des Kreuzweges ist schnell beendet, worüber wegen der Hitze niemand unglücklich ist. Schließlich findet Theodor, wir könnten Musik machen, und läuft zurück zum Hospital, um seine Gitarre zu holen. Ich übernehme so lange Kenny und wandere weiter. Wir machen einen kurzen erfrischenden Zwischenstopp an den Wasserhähnen, die in regelmäßigen Abständen am Uferrand zu finden sind. Als ich ihm die Schuhe ausziehe, findet Kenny, der bislang recht lethargisch in seinem Buggy gesessen hat, doch wieder Gefallen an seinem Lieblingselement. Er trinkt sogar ein bisschen Wasser direkt aus dem Hahn, was ich erleichtert beobachte. Ich mache mir Sorgen, dass er austrocknet, da er sich so oft erbricht.

Schließlich stoßen wir wieder zu den anderen, die sich schon auf der *Prärie* unter den Bäumen versammelt haben. Im Halbschatten ist die Hitze gut zu ertragen. Ich schiebe Kenny zu Theodor und setze mich zu Töni und dem dicken kleinen Kurt. Als ich mich hinter ihn setze, lässt er sich gemütlich auf mich fallen. Er ist schwerer, als er aussieht, aber wir machen es uns bequem. Töni und ich stimmen als „Alt" in den vierstimmigen Chor ein, den Theodor gerade auf die Beine zu stellen versucht:

„Ich habe meinen Engeln befohlen über dir, dich auf den Händen zu tragen. Dass dein Fuß nicht stoße an einen Stein."

Er trommelt mehrere Teammitglieder zusammen, und auch Kajetan will unbedingt mitsingen. Töni und ich finden unsere musikalische Leistung ziemlich gut. Ganz objektiv betrachtet natürlich. Kurt wippt zufrieden an mich angelehnt hin und her, und auch ihm scheint es zu gefallen.

16.30 Uhr *Verladen*

Wir stellen uns langsam in Reih und Glied auf. Ich laufe noch mal zurück ins Hospital, um zu sehen, ob sich dort ein paar Nachzügler verloren haben. Die letzten kommen mir auf dem Weg bereits entgegen. Ich nutze die Viertelstunde, die bleibt, um in Ruhe eine Zigarette hinterm Hospital zu rauchen. Dabei sammle ich Stephan, Trixi und Onkel Titus auf, die sich mir anschließen. Als wir zur Gruppe zurückkommen, kommt mir der Vater einer Freundin entgegen, der mit einem anderen Zug hier ist. Er wirkt aufgelöst und bricht in Tränen aus, als er mir erzählt, dass seine Tochter mit einem Virusinfekt im Krankenhaus liegt, der möglicherweise gefährlich für das Baby ist, das sie erwartet. Ich bin genauso geschockt wie er.

Er bittet mich, das mit ins Gebet zu nehmen und mit in unser Team zu tragen. Ich nehme ihn in die Arme und verspreche, das zu tun. Er ist völlig aufgelöst. Im ersten Moment weiß ich nicht, was ich dann tun soll. Mit ein paar Freunden, die die werdende Mutter auch kennen, beschließen wir, am Abend einen gemeinsamen Rosenkranz gegenüber der Grotte zu beten. Dann spreche ich noch mit unserem Priester, der das Anliegen in unsere Messen mitnehmen wird.

17.00 Uhr *Sakramentsprozession*

Tobias und ich gehen vor unserer Truppe her. Kurz vor der Brücke biegen zwei Teammitglieder mit ihren Kindern ab ins Hospital. Klaus hat keine Lust mehr und beschwert sich, und Kenny weint schon seit einer ganzen Weile müde vor sich hin. In diesem Fall ist es wohl besser, sie gehen zurück und haben eine Stunde Ruhe. Ich bin mit meinen Gedanken bei unserer Freundin und ihrem Kind. Mir ist zum Heulen. Ich spüre die lange Reihe Kinder, die in meinem Rücken in der Prozession mitziehen. Ich kann mich nicht umdrehen, weil ich sonst meine Fassung vollständig zu verlieren drohe. Ich sehe all die Kinder vor meinem geistigen Auge, die schon mit uns nach Lourdes gefahren sind. Wie viele haben ihre Behinderung von einem Virusinfekt während der Schwangerschaft? Ich kenne einige. Es erschüttert mich und tröstet mich gleichzeitig. Denn wo sonst, wenn nicht hier im Kinderzug, lernt man, diese Kinder mit anderen Augen zu sehen? Man sieht ihre Besonderheiten und Eigenarten, und ja – man sieht, welches Kreuz sie tragen. Und man verliebt sich in sie. In jedes einzelne Kind.

Dennoch fällt mir das Beten in diesem Moment schwer. Um was kann man in einer solchen Situation bitten? Bitte ich um ein Wunder? Bitte ich darum, dass die Eltern und das Kind, was auch immer geschieht, zurechtkommen? Die widersprüchlichen Gefühle, die sich in mir auftun, sind schwer zu ordnen. Ich gehe einfach weiter und lasse meinen Gefühlen und Gedanken freien Lauf. An ein Ende komme ich nicht, aber ich versuche meine Sorgen an Jesus abzugeben… es gibt Dinge im Leben, die werden wir nie verstehen.

18.00 Uhr *Kinderabendessen*

Es ist ein sehr lauer Abend, und ein paar der „Brei-Kinder" werden draußen gefüttert, während alle anderen sich im Speisesaal versammeln. Die Heimschwester füttert zur Abwechslung Klara, damit Tassilo eine Pause machen kann. Die nutzt er, um sich mit Theodor zu unterhalten. Den hat der Tag ziemlich mitgenommen. Erst sein ständig speiendes Kind, und dann wollte der Kleine gar nicht mehr aufhören zu weinen. Es war sehr anstrengend, und es war gut, mit Kenny auszuscheren und zurück zum Hospital zu fahren. Die Stunde in völliger Ruhe hat Kenny gutgetan und nun sitzt er zufrieden und zutraulich auf Theodors Schoß. Er isst ein paar Salzstangen und strahlt Zufriedenheit aus. Als er plötzlich mit einer wunderschönen klaren Kinderstimme beginnt, das Lourdes-Lied zu singen, wobei er jeden Ton trifft, schauen alle Anwesenden erstaunt auf. Es ist unglaublich. Bisher hat er nicht einmal mitgesungen. Und jetzt singt er klar und deutlich – und dann lacht er, weil er die Aufmerksamkeit genießt, und singt noch einmal… Wenn Theodor nicht gar so „fern vom Wasser gebaut" wäre, dann kämen ihm jetzt wohl die Tränen. Passiert aber nicht.

20.15 Uhr *Team: Alle außer Doktor und Nachtwache*
verlassen das Hospital

Die Nachtwache ist eingewiesen und weiß, dass sie ein besonderes Auge auf Katinka halten muss, die bereits wieder beginnt, Terror zu machen und laut brüllend durch die Gänge zu hüpfen. Dabei schaut sie frech und weiß genau, dass sie ins Bett sollte – sie denkt aber gar nicht daran!

Auf dem Weg ins Hotel begegnen wir noch dem Vater unserer schwangeren Freundin. Wir vereinbaren mit ihm, uns um 23 Uhr gegenüber der Grotte zu treffen, um einen Rosenkranz zu beten. Die anderen Züge stellen sich gerade zur Lichterprozession auf.

20.30 Uhr *Abendessen Team*

Nach dem Essen rede ich bei einem Bier noch lange mit einer der Heimbegleiterinnen. Sie ist schon einige Male mit uns in Lourdes gewesen und wir sind mittlerweile richtig befreundet und sprechen intensiv und gut miteinander. Dann wandern wir hinunter in den Heiligen Bezirk.

Vor der Grotte findet noch die allabendliche Messe statt. Auf der anderen Seite des Flusses haben sich schon einige andere Freunde und die Eltern unserer schwangeren Freundin versammelt. Still sitzen wir eine Weile zusammen und jeder richtet seine Gebete an den Herrn oder lässt einfach die Situation auf sich wirken. Schließlich beten wir zusammen einen Rosenkranz. Es wird ganz ruhig – an der Grotte singen sie ein Lied. Mein Blick wandert über unser Trüppchen. Lauter Freunde. Zusammengewachsen über die letzten Jahre. Wir sind mit lauter unterschiedlichen Zügen hier in Lourdes. Und es tut gut, mit ihnen hier zusammenzukommen und zu beten. Ich bete für die Mutter und ihr Kind, wozu wir uns ja versammelt haben, aber auch viele andere Anliegen kann ich hier loswerden. Ich frage mich, ob eine werdende Mutter jemals damit rechnet, dass ihr freudig erwartetes Kind auch krank auf die Welt kommen könnte. Und welchen Prozess des Annehmens, Loslassens und Vertrauens es bedeutet, wenn es denn so kommt. Wahrscheinlich kann man es nicht nachempfinden, wenn man es nicht erlebt hat.

Tina kauert auf der Steinstufe, umgeben von den Freunden. Ihr sonst so fröhliches Gesicht ist tränenüberströmt. Sie ist hundemüde und die Füße spürt sie kaum mehr. Die Nachricht von der kranken Freundin hat sie sehr betroffen gemacht, obgleich sie sie nicht so gut kennt wie die anderen. Aber auch die generelle Erschöpfung macht sich heute sehr stark bemerkbar. Es macht Tina nichts aus zu weinen. Sie ist es gewohnt, ihren Emotionen freien Lauf zu lassen, auch wenn sie meist guter Laune ist. Sie wischt sich die Tränen ab und wendet ihren Blick zur Grotte. Wie gut es doch ist, einfach hier zu sein, und wie gut es ist, zu wissen, dass Gott alle Gedanken hört... Sie kann einfach sein, wie sie ist.

Nachdem der Rosenkranz beendet ist, wandern ein paar von uns noch ein bisschen über die *Prärie*. Wir sprechen über Gottes Allmacht und Gerechtigkeit. Und darüber, dass wir ihn nicht verstehen können: was für uns ungerecht scheint, ist in der unbegreiflichen Größe Gottes ein Teil seines Planes. Und es ist ein guter Plan, den er mit uns hat – ob wir ihn nun verstehen können oder nicht. Wenn auch nicht in allen Punkten – in diesem sind wir uns einig.

Mittwoch nach Pfingsten

Ich wache auf und denke nur: *Piscine* (franz. Bad). Ich liebe und hasse diesen Tag. Mit den Kindern in die Bäder zu gehen ist für mich immer der Tag der größten Anspannung – selbst wenn alles glatt läuft. Irgendwie häufen sich an diesem Tag immer die Emotionen. Aber es ist auch ein besonderer Tag, an dem sich viele Seelen öffnen und Dinge geschehen, die man nicht für möglich hält.

06.15 Uhr *Kurze Morgenandacht im Hotel*

Unser Priester versucht uns mit einem Lied zu wecken und sagt dann ein paar Worte zu dem Wasser, das hier in Lourdes aus der Quelle kommt. Ein wichtiger Punkt ist, dass das Wasser weder heilig noch magisch ist. Es kann jedoch heilbringend sein. Es ist ein Symbol der Reinigung – innerlich und äußerlich. Heute werden wir uns mit den Kindern aufmachen, um darin zu baden. Er legt uns nahe, es vielleicht auch selbst einmal zu versuchen. Er bietet auch noch einmal die Möglichkeit der Beichte an bzw. zieht einen Vergleich: Man kann in den Bädern ins Wasser eintauchen und gleichsam reingewaschen wieder herauskommen. Genauso geht es unserer Seele in der Beichte.

06.45 Uhr *Morgenbesprechung Saalschwestern*

Die Nacht war relativ ruhig. Selbst die kleinen Buben haben mal durchgeschlafen. Nach dem langen Tag gestern ist das auch keine große Überraschung. Die Nachtwache geht kurz mit uns die Säle durch und verabschiedet sich dann, um schlafen zu gehen. Ich erinnere meine Saalschwestern noch mal, dass die Kinder Extra-Windeln in die Bäder mitnehmen müssen.

08.45 Uhr *Verladen und Transport zur Piscine*

Wir müssen sehr pünktlich in den Bädern sein, damit alles reibungslos abläuft. Schon sehr früh reihen sich Hunderte von Pilgern vor den Bädern ein. Die müssen warten, bis die Gruppen mit Kranken durch sind. Wir wollen sie nicht länger als nötig warten lassen. Ich eile voraus und Tobias kommt mit der Gruppe nach. Es ist jedes Jahr das Gleiche. Ich komme an, und keiner scheint zu wissen, dass wir kommen. Schließlich finde ich jemanden, der Deutsch spricht und mit den Damen in den Bädern kommuniziert. Bis man schließlich die Verantwortliche gefunden hat, die dann auch Bescheid weiß, dass wir alle zusammenbleiben dürfen, sind einige Diskussionen erforderlich und es dauert eine geraume Zeit. Jeder hier hat seine Aufgabe und jeder erfüllt sie gewissenhaft und mit Liebe. Nur die Kommunikation zwischen den einzelnen Bereichen lässt oft zu wünschen übrig. Ich bin innerlich zum Zerreißen angespannt. Schließlich ist alles halbwegs besprochen und schon kommt Tobias mit den Kindern an.

09.00 Uhr *Piscine*

In einer langen Reihe ordnen wir uns vor den Bädern ein, und dann wird gewartet. Die Stimmung ist sehr andächtig. Ein Rosenkranz folgt auf den anderen. Die geduldig wartenden Pilger beobachten unsere Truppe, die etwas Unruhe verbreitet. Über so manches Gesicht huscht beim Anblick der Kinder ein Lächeln. Unter den wartenden Pilgern entdecke ich Frau Macke, eine Dame, die eine faszinierende Geschichte hat. Wir begrüßen uns nur kurz, verabreden uns jedoch für den Abend, um mehr Zeit für ein Gespräch zu haben.

Erstaunlich schnell kommen wir dran. Wie immer werden unsere großen Buben trotz aller vorhergegangenen Diskussion abgesondert und zu den Männern geschickt. Ich schärfe dem Team noch mal ein, sich nicht von den Kindern trennen zu lassen. Normalerweise gehen die Kranken alleine in die Bäder, ohne ihre Pfleger. Aber die Kinder brauchen ihre Bezugspersonen, sonst wäre das alles zu beängstigend für sie.

Immerhin dürfen die kleinen Buben mit in die Damen-Piscine, so dass sie zusammen mit ihren Betreuern reinkönnen. Die Kinder, die im Rollstuhl sitzen, werden von den Helfern auf Tragen geladen. Alle, die laufen können, setzen sich auf die Steinbänke vor den Kabinen und warten, bis sie an der Reihe sind. Traudl fragt, ob alle Kinder ins Wasser müssen. Ich beruhige sie – keiner wird gezwungen. Man kann auch nur hineingehen und sich mit einem Waschlappen das Gesicht ein wenig abwaschen lassen. Kein Zwang. Aber alle Kinder sollen es versuchen. Schon oft habe ich erlebt, dass Kinder, die sich erst gesträubt haben, das Baden dann besonders lustig fanden.

Tina hat Kalle an der Hand. Er ist so groß, dass die Einweiser ihn zu den Männern geschickt haben. Tina wird klar, dass sie nicht mit zu den Männern in die Kabine gehen darf. Kurz schaut sie verzweifelt um sich und zieht dann Tassilo auf die Seite. Eigentlich möchte Tassilo bei Klara bleiben, aber schließlich sieht er ein, dass es das Beste ist, wenn er Kalle in die Bäder begleitet. Tina wird mit Klara gehen. Obgleich er Klara nur schweren Herzens weggibt, setzt er sich zu den wartenden Buben. Sie sitzen zusammen auf einer Steinbank, und obwohl er nicht anders kann, als immer wieder nach Klara zu schielen, beanspruchen die kleinen Buben seine ganze Aufmerksamkeit. Kasper schwätzt aufgeregt und kann nicht stillsitzen. Kalle sabbert und lacht und Kajetan will ganz genau wissen, was jetzt gleich passieren wird. Als sie da alle wartend sitzen, hört man plötzlich eine unverkennbare durchdringende Kinderstimme, die schallend ruft: „Bade geeehn" – und dann ein deutlich vernehmbares Platschen. Dafür kommt eigentlich nur einer in Frage, denkt Tassilo.

„Das ist Kenny", bestätigt Kasper auch gleich mit wichtigem Gesicht, „der mog des".

Und schon verschwindet er selbst mit seinem Betreuer hinter dem Vorhang. Kasper, der eigentlich niemals Ruhe gibt und die Nerven seines Betreuers auch gerne mal bis zur absoluten Grenze austestet, redet ohne Punkt und Komma, während er ausgezogen wird. Als er jedoch mit den Füßen in das kalte Wasser steigt, verstummt er plötzlich. Mit ernstem, frohem Gesicht durchquert er an der Hand seines Betreuers die steinerne Wanne und beugt sich zu der kleinen Marienstatue hinunter, die am Ende befestigt ist. Innig drückt er einen feuchten Kuss darauf. Dann blickt er auf und fragt im Flüsterton, ob er sie noch einmal küssen darf. Er ist ganz konzentriert bei der Sache. Ganz ruhig und ohne seine sonstige Aufgeregtheit steigt er wieder aus der Wanne. Es dauert allerdings keine zwei Sekunden, da kräht er wieder irgendwas von Polizei und wirbelt alle durcheinander, als er versucht, die Kleidung der anderen Pilger zu „konfiszieren."

Schließlich ist Tassilo mit Kalle an der Reihe. Sie werden in eine der Kabinen geführt, und freundliche Hände helfen dem Bub beim Ausziehen. Der in der Kabine verantwortliche Mann kann nur Französisch, aber zum Glück versteht es Tassilo ein wenig. Kalle zeigt sich vom kalten Wasser ziemlich unbeeindruckt. Tassilo betet mit ihm ein *Gegrüßet seist du Maria*, während er ins Wasser getaucht wird. Kurz zieht er erschrocken die Luft ein, aber dann lacht er wieder. Als er wieder draußen ist, übernimmt einer der Helfer es, ihm beim Anziehen zu helfen, und ein anderer drängt Tassilo, doch auch baden zu gehen. Eigentlich wollte dieser gar nicht. Er hat es noch nie gemacht, obgleich er schon einige Male in Lourdes gewesen ist. Aber ehe er sich versieht, ist er ausgezogen und steht selbst in dem eiskalten Wasser. Er denkt an die morgendlichen Worte des Priesters, atmet tief durch, betet innerlich und lässt sich eintauchen. Es geht alles eigentlich zu schnell. Im Nu ist er wieder draußen, angezogen und verlässt mit Kalle an der Hand die Kabine. „Recht unspektakulär", denkt Tassilo, kann sich aber eines euphorischen Gefühls nicht erwehren. Im selben Moment kommt Tina mit Klara aus den Damen-Kabinen. Beide strahlen und Tina erzählt, dass Klara es wohl ziemlich genossen hat. Tassilo ist plötzlich froh, dass sie redet und er erst mal nichts sagen muss – irgendwie überschwemmt ihn mit einem Mal eine starke Welle der Rührung. „Vielleicht doch nicht so unspektakulär?"

Ich nehme alle, die aus dem Bad kommen, wieder in Empfang. Manche weinen, andere erzählen aufgeregt, wie sie es empfunden haben, und wieder andere scheint es nicht weiter zu berühren. Die Reaktionen sind sehr unterschiedlich. Vor allem bei den Teammitgliedern gibt es einige, die diese Aktion an den Rand oder mitten in die Tränen hineintreibt. Das ist auch gut so. Die Tränen, die geflossen sind, lösen Anspannung und Aufregung.

Tessa und Kirsten kommen ganz beglückt aus dem Bad. Kirsten war gar nicht wasserscheu und hat mit Hingabe die kleine Muttergottesstatue geküsst. Tessa lacht fast Tränen, als sie mir davon erzählt. Ein voller Erfolg. Mit den anderen, die bereits wieder draußen sind, wandern sie zur *Prärie*, wo wir uns wieder sammeln. Einer nach dem anderen kommen sie wieder heraus. Ich verliere etwas den Überblick, wer schon draußen ist, und warte geduldig ab, bis die Letzten kommen. Theodor wartet mit Kenny am Ausgang. Der kleine Mann hat sich nach dem erfolgreichen Bad überreden lassen, ein paar Salzstangen zu essen, während Theodor ihm die Schuhe wieder anzieht und den Helm aufsetzt. Die Letzten, die aus den

Kabinen kommen, sind Tatjana und Kira. Tatjana bittet mich, Kira mit zur Prärie zu nehmen, da ihr die Tränen bereits in den Augen stehen. Sie braucht ein paar Minuten für sich. Ich versichere mich, dass es ihr gutgeht, und lasse sie ziehen. Ich kenne diese Momente und ich lasse mich auch ungern dabei beobachten, wenn mich ein Tränenstrom überrascht. Zumal es in Lourdes oft nicht einmal einen konkreten Anlass gibt, sondern Gedanken und Müdigkeit sich einfach verselbstständigen. Gerne nehme ich Kira, die sich von mir an der Hand nehmen lässt und neben mir hertrottet. Gemeinsam mit Theodor und Kenny wandern wir in Richtung *Prärie*. Kenny ist etwas aufgewacht und lässt sich überreden, ein bisschen zu laufen. Raus aus dem Buggy – das tut ihm gut. Lachend läuft er vor uns her. Und dann bleibt mir kurzfristig das Herz stehen: Zielgerichtet rennt er über die Brücke und auf der anderen Seite auf das Ufer der Gave zu – quietschend vor Freude. Der Blick, den er uns zuwirft, zeigt, dass er weiß, was er tut. Theodor, der ihm schon warnend zuruft, lässt den Buggy rollen und sprintet los. Kenny kugelt sich vor Lachen, als Theodor ihn einfängt und unter den Arm packt. Er wusste genau, dass er das nicht darf. Und er ist schlau genug, nicht in den Fluss zu springen. Allerdings hätte ihm sein wackeliger Gang da durchaus einen Strich durch die Rechung machen können. Ich merke erst jetzt, dass ich den Atem angehalten habe, und hole erleichtert Luft.

Ich schiebe mit der einen Hand den Buggy, während die beiden ausgelassen auf der Wiese toben. Es scheint Kenny deutlich besser zu gehen. Sein fröhliches Lachen schallt über die Wiese. Ich stelle mich zu den anderen und massiere Kiras Rücken. Sie schnurrt und schiebt meine Hand auffordernd wieder in den Nacken, als ich kurz mit der Massage nachlasse. Ich beobachte unsere Gruppe. Alle wirken sehr entspannt. Auch meine innere Anspannung hat nachgelassen. Es hat alles gut funktioniert dieses Jahr. Nach einiger Zeit kommt Tatjana wieder. Ihre Augen sind gerötet, aber sie lächelt. Als sie nur mehr zwei Meter von uns entfernt ist, scheint Kira sie zu bemerken, und irgendwie scheint sie auch die Stimmung aufzunehmen. Ungeachtet meiner Massage geht sie mit einem Mal auf Tatjana zu und legt ihr die Arme um den Hals. Das treibt Tatjana erneut die Tränen in die Augen, und sie schließt das Mädchen ihrerseits fest in die Arme.

Tatjana ist ziemlich überwältigt, als sie Kira so im Arm hält. Nie im Leben hätte sie das für möglich gehalten. Obgleich sie kaum eine Möglichkeit haben, miteinander zu kommunizieren, hat Kira doch deutlich Vertrauen zu ihr gefasst und unterscheidet sie von den anderen. Als sie mit Kira in den Bädern war, musste sie unwillkürlich an die Worte des Priesters in der allerersten Messe denken: „Dass wir für Gott wahrscheinlich oft so sind, wie diese Kinder für uns." Und plötzlich sah sie sich selbst. Blind und taub. Nicht in der Lage, etwas zu sagen. Und Gott, der beständig versucht, Kontakt zu ihr aufzubauen, und sich rührend um sie kümmert. Und wie klein und unvollkommen ist ihre Reaktion auf ihn. Diese Erkenntnis hat Tatjana ziemlich durchgerüttelt, und als sie selbst in das eiskalte Wasser gestiegen ist, hatte sie plötzlich das dringende Bedürfnis, zur Beichte zu gehen: sich die Augen, Ohren und den Mund öffnen zu lassen. Sie konnte es sich selbst nicht erklären. Ihr Innerstes war völlig aufgewühlt. Und so hat sie das auch getan. Es war wie ein beständiges Ziehen. Und es war wohl die tränenreichste Beichte ihres Lebens. Sie hat mit dem Priester über vieles sprechen können, was sie schon lange mit sich herumgetragen hat. Schon das Aussprechen war eine Erleichterung, der Empfang der Vergebung und das damit verbundene Loslassenkönnen, waren ein Geschenk. Jetzt, wo sie mit Kira auf der Wiese steht, kann sie sich ganz dem befreiten Gefühl hingeben, welches sie überkommen hat, als sie die Beichte beendet hatte. Und dass nun Kira einfach auf sie zukommt und sie in den Arm nimmt – das ist wie eine Bestätigung. Wie ein Glätten der letzten Wogen …

11.00 Uhr   *Gemeinsames Foto vor der Basilika*

Als alle wieder beisammen sind, wandern wir hinüber zur Esplanade. Dort versammeln wir uns für ein Foto von der gesamten Truppe vor den Toren der Basilika: Rollstühle vorne, Voituren hinten, Team dahinter. Es ist ein Gewusel, und der Fotograf versucht, Ordnung in unser Chaos zu bringen. Alle grinsen schließlich mit zusammengekniffenen Augen in die Kamera, weil die Sonne so blendet.

Till reiht sich zwischen den anderen Jungs auf den Stufen ein. Karima hat er in ihrem Wagen vorne abgestellt. Er hat noch versucht, ihr den Hut nach hinten zu schieben, damit man ihr Gesicht auf dem Bild sehen kann. Er muss lachen, als der Fotograf abdrückt und sich Karima natürlich genau in diesem Moment nach vorne beugt und ihr Gesicht auf die Knie drückt. Klassiker. Es kommt ihm in den Sinn, wie absurd es eigentlich ist, dass dieses Bild das ist, was alle als sichtbares Andenken mit nach Hause nehmen. Es kommt ihm unwirklich vor, als gehöre es nicht wirklich hierher. Alle Betreuer stehen hinten, die Kinder schielen vorne in die Sonne. So wenig hat es mit dem, was hier wirklich geschieht, zu tun. Dennoch wird es wohl das Bild vom letzten Jahr, das in seiner Küche hängt, ersetzen.

11.30 – 12.15 Uhr   *Kindermittagessen*

Titian sitzt neben Kai und schneidet das Schnitzel in kleine Stücke. Unter den Kartoffelbrei hat er bereits die Medikamente gemischt. „Das Essen sieht wirklich gut aus", denkt er „ganz im

Gegensatz zu dem, was wir bekommen." Die Mahlzeiten mit Kai sind mittlerweile kein Problem mehr. Willig öffnet er den Mund und lässt sich mit Brei und Fleisch füttern. Er kaut immer sehr lange, und zwischendurch vergisst er auch zu kauen, den Blick auf irgendeinen Punkt in seinem Inneren gerichtet. Aber Titian hat herausgefunden, dass man ihn zum Weiterkauen bringen kann, indem man ihn kurz unterm Kinn kitzelt. Dann wacht er aus seiner Starre auf und fährt fort. Ab und zu gelingt es Titian sogar, seinen Blick zu fangen. Diese kleinen Erfolge sind für ihn ganz groß. Er merkt nicht, dass er, jedes Mal, wenn er Kai einen weiteren Löffel in den Mund schiebt, automatisch selbst den Mund öffnet.

12.00 – 13.30 Uhr   *Teammittagessen*

Nach dem Teammittagessen versammeln sich alle Saalschwestern und einige andere, die für die Abschlussputzaktion eingeteilt sind, im *Saal Orange,* und die verantwortliche Dame des Hospitals gibt uns eine „Demonstration de lits". Wir bekommen gezeigt, wie die Betten zu machen sind und welche Putzutensilien für was verwendet werden müssen. Jedes Jahr wieder, jedes Jahr anders. Als sie uns vormacht, wie die Falte am Fußende des Bettes aussehen muss, können sich einige ein Lachen nicht verkneifen. Auch in diesem Detail gibt es jedes Jahr wieder eine neue Variante. Mit ernstem Gesicht führt sie uns alles vor, wir beobachten, ich übersetze hin und wieder, und wenn ich so in die Runde schaue, denke ich, dass wir das Putzen schnell über die Bühne bringen werden.

13.30 Uhr   *Verladen für Ausflug*

Mit den Aufzügen fahren wir alle nach oben, wo die Busse zu einem Altar im Wald abfahren sollen – etwa zehn Minuten von Lourdes entfernt. Das Wetter ist anhaltend schön und es verspricht ein prachtvoller Nachmittag zu werden. Oben angekommen beobachte ich Tobias, der mit angespanntem Gesichtsausdruck und telefonierend durch die Gänge eilt. Irgendwas scheint mit den Bussen nicht geklappt zu haben. Nein! Bitte nicht. Der Ausflug ist doch solch ein Highlight. Ich schicke ein Stoßgebet zum Himmel. In dem Moment kommt Theodor mit besorgter Miene auf mich zu. Kenny hat schon wieder gekotzt. Und zwar reichlich. Ein weiteres Stoßgebet geht nach oben, und ich eile in Richtung Klo hinter ihm her. Das Bübchen steht über die Klo-Schüssel gebeugt da. Es ist ein jämmerlicher Anblick. Mit den kleinen Armen stützt er sich an der Klobrille ab. Ich beuge mich zu ihm hinunter. Da speit er erneut. Aber nur noch ein bisschen. Der Buggy, der Boden, seine Schuhe, Hose und Strümpfe – alles ist bereits voll. Behutsam nehme ich Kenny auf den Arm und setze mich mit ihm aufs Klo, während Theodor runtersaust, um den Buggy zu duschen und frische Sachen zu holen. Ein Betreuer, der gerade Kajetan aufs Klo begleitet, wischt den Boden auf und bringt mir Feuchttücher. Kajetan wirft einen mitleidigen Blick auf Kenny und kommentiert solidarisch:

„I muss auch manchmal kotzen."

Dann zieht er nickend ab.

Kenny kauert sich in meine Arme, während ich ihn ausziehe und abwische. Klar antwortet er auf meine Fragen:

„Geht's schon besser?"

„Ja."

„Ist dir noch schlecht?"

„Nein!"

„Hast du Kopfweh?"

„Nein!"

„Müde?"

„Ja", antwortet er tapfer.

Ich bin immer wieder erstaunt, wie klar der Siebenjährige spricht und reagiert, obwohl er sich elend fühlen muss. Vielleicht geht es ihm nach der Kotzattacke auch besser.

Während ich noch mit Kenny auf dem Klo sitze und ihn sauber mache, sehe ich aus dem Augenwinkel, wie einige Teammitglieder mit ihren Rollstühlen wieder in Richtung Aufzug wandern. Was ist da los? Kein Ausflug? Tobias bringt mich schließlich auf den neusten Stand. Mit den Bussen hat etwas nicht funktioniert – es wurde umdisponiert – spontan.

Na bravo.

Die Hälfte von uns soll mit Taxis hinauf zu dem Waldaltar fahren, die anderen wandern durch den heiligen Bezirk hinüber zu den öffentlichen Bussen.

Mein Alptraum wird wahr!

Hilflos sehe ich zu, wie alle in verschiedene Richtungen verschwinden. In meinem Kopf bilden sich Szenarien von Kindern, die verlorengehen: Chaos. Da kann ja keiner den Überblick bewahren. Ich beruhige mich mit dem Gedanken, dass wir ein wirklich gutes Team haben – jeder ist bei seinem Kind, es sind lauter verantwortungsvolle Leute. Dennoch werde ich erst wieder ruhig sein, wenn alle heil oben angekommen sind. Wieder schicke ich Stoßgebete zum Himmel, während ich mich mit Kenny, der erschöpft die Arme um meinen Hals gelegt hat, den Kopf auf meiner Schulter, und mit meinen Haaren spielt, auf einen Stuhl setze. Ein leicht säuerlicher Geruch geht von ihm aus, auch wenn er gut gesäubert ist. Sein Kopf ist ganz heiß und ich überlege, ob es nicht besser wäre, ihn ins Bett zu stecken…Wir nehmen ihn dann doch mit. Ich übergebe ihn an Theodor, als dieser wieder nach oben kommt. Der Buggy muss noch trocknen und bleibt da. Er steigt mit dem Bub auf dem Arm in ein Taxi. Ich fahre mit dem letzten Taxi hinterher…

Tatjana wandert hinter den anderen her durch den Heiligen Bezirk. Kira hält ihre Hand und wirkt ruhig und zufrieden. Sie mag es, wenn sie laufen kann. Das lange Sitzen in den Wägelchen mag sie nicht so sehr. So genießt sie jetzt offensichtlich den Spaziergang. Mit den Bussen fahren sie aus dem Städtchen hinaus ins Grüne. Dort angekommen, steigen alle aus und versammeln sich um den Altar, auf dem schon alles für die Messe vorbereitet ist. Tatjana beobachtet Kajetan, der sich hinter dem Altar aufbaut und „Messe liest". Es reizt sie zu einem Lachanfall, wie er in einer präzisen Imitation des Priesters dort steht und die „Wandlung vollzieht". Er kennt jede Bewegung und auch die Worte sind erstaunlich korrekt. Kira hat sich neben Tatjana auf eine der Holzbänke gesetzt und lehnt sich an ihre Schulter. Tatjana wünscht sich, das blinde Mädchen könnte das lustige Schauspiel des Jungen mit Down-Syndrom auch sehen. Aber die heitere und gelassene Atmosphäre scheint sie wohl aufzunehmen, denn sie wirkt ganz entspannt.

Oben bei dem wunderschönen Altar im Wald angekommen, versuche ich mir einen Überblick zu verschaffen. Irgendetwas ist nicht in Ordnung. Ich sehe höchstens 20 Kinder und Betreuer. Der Rest fehlt. Es heißt, die Busse seien schon angekommen. Wo sind die anderen? Schließlich erreiche ich nach mehreren Versuchen Tobias auf seinem Handy. Es gab noch eine Verwirrung und die Hälfte der Gruppe ist zu einem *anderen* Waldaltar gefahren. Jetzt ist es schon so chaotisch, dass nur mehr Gottvertrauen bleibt. Und Gott schenkt mir eine erstaunliche Gelassenheit. Er hat jedes meiner Kinder im Auge. Und er passt auf jedes auf. Gut zu wissen!

Nach kurzer Überlegung beschließen wir, dass die Truppe von Tobias zu uns kommt – es sind zehn Minuten zu Fuß von einem Altar zum anderen, und für sie geht es bergab. Guter Laune trudelt die andere Hälfte schließlich bei uns ein. Es scheint sich keiner großartig an dem Chaos zu stören. Alle freuen sich, draußen zu sein, und versammeln sich zur Messe. Ich versuche alle Kinder einmal durchzuzählen, was mir schwerfällt. Da kommt Tobias auf mich zu und erklärt grinsend: „Alle da!" Also atme ich tief durch und will mich gerade zum Singen begeben, als ich sehe, dass ganz in meiner Nähe Kira wie vom Blitz getroffen umfällt...

Tatjana weiß nicht, was passiert ist. Gerade sind sie gemütlich den Hang zum anderen Altar hinuntergewandert und mit Kira schien alles in Ordnung zu sein. Als sie unten angekommen sind, hat sie das Mädchen zu einer der Bänke geführt. Da hat es plötzlich zu zittern begonnen und ein mitleiderregender Laut kommt über seine Lippen. Ehe Tatjana sich versieht, schwankt Kira und fällt um. Gott sei Dank ist der Arzt sofort zur Stelle. Ein epileptischer Anfall. Mit ruhiger Stimme spricht der Arzt auf das Mädchen ein, während er sie gemeinsam mit noch einem Teammitglied, das herbeigeeilt ist, behutsam auf den Boden legen. Tatjana steht fassungslos und völlig paralysiert daneben und weiß nicht, was sie tun soll. Kira zittert und die Augen bewegen sich schnell unter den Lidern. „Komm her", spricht sie da der Arzt an: „Dich kennt sie am besten... das wird sie beruhigen." Dabei wirft er einen Blick auf die Uhr.

Tatjana kniet sich neben Kira auf die Wiese und nimmt ihre Hand. Der Anfall dauert keine zwei Minuten, aber es kommt ihr wie eine Ewigkeit vor. Schließlich lässt er nach, ohne dass ein Notfallmedikament nötig gewesen ist. Kira liegt erschöpft da. Ihre Hand hat sich fest in die Tatjanas gekrallt. Irgendjemand bringt eine Decke, damit Kira nicht auf dem Boden liegen muss, und man legt sie darauf. Hilfesuchend blickt Tatjana zum Arzt, der sie beruhigt und verspricht, während der Messe neben ihnen sitzen zu bleiben. Es war kein schlimmer Anfall und es gibt keinen Grund zur Sorge. Dennoch ist Tatjana innerlich ganz durchgeschüttelt – noch nie hat sie einen epileptischen Anfall erlebt. Der Schrecken sitzt tief – tiefer jedoch das Gefühl des Mitleidens mit dem Mädchen.

14.00 – 17.00 Uhr   *Ausflug mit Hl. Messe*

Nach der Messe verteilen sich alle zwischen den Bäumen und an den Teichen. Einige Kinder sind fasziniert vom Wasser. Ich beobachte Töni, die dem kleinen Kurt Schuhe und Strümpfe ausgezogen hat und mit ihm am Ufer sitzt. Kurt beugt sich lachend nach vorne und taucht die Hände ins Wasser. Töni hält ihn von hinten fest, und beide haben sichtlich Spaß an der „Nassaktion". Ich schaue nach Kira, die tief und fest schläft. Tatjana liegt nicht weniger tief schlafend daneben und hat den Arm um Kira geschlungen. Andere machen einen Spaziergang am Ufer entlang oder bauen sich mit den mitgebrachten Decken Lager zwischen den Bäumen. Es wird hier ein bisschen gesungen, dort ein bisschen geschlafen. Viel zu schnell ist dieser sehr entspannte Teil des Nachmittags vorüber. Kira ist wieder aufgewacht und guter Dinge, während Tatjana sich den Schlaf aus den Augen reibt. Der Arzt sieht noch einmal nach Kira, und es scheint alles in Ordnung zu sein. Theodor trägt den schlappen Kenny, der den ganzen Nachmittag unter einem Baum geschlafen hat. Die anderen laufen, schieben, straucheln und rennen vergnügt zur Sammelstelle. Die Rückfahrt machen wir alle zusammen mit öffentlichen Bussen. Alle passen hinein. Keiner ist verlorengegangen. Keiner wurde vergessen, und wohlbehalten landen wir wieder im Hospital.

18.00 Uhr   *Abendessen Kinder*

Heute ist großes Baden und Waschen angesagt, weil morgen schon Abfahrtstag ist und eine lange duschfreie Zugfahrt auf

uns wartet. Ich gehe mal wieder durch die Säle. Im *Saal Blau*
läuft ruhige Musik. Im *Saal Orange* werden Haare gewaschen
und zu diesem Zweck ‚fladern' sie, wie die Österreicher sagen,
Föhns aus anderen Sälen. Eigentlich wäre das ein Fall für Kasper und seine Polizeitruppe, die aber glücklicherweise nichts
davon mitbekommen. Im *Saal Rot* sind alle, vorbildlich, schon
fast bettfertig. Einige haben schon begonnen, ihre Koffer zu-
sammenzupacken, und Kirsten weint ein bisschen, weil sie
keine Lust hat, nach Hause zu fahren. Kajetan hingegen freut
sich schon wieder auf Zuhause…

20.15 Uhr   *Team: Alle außer Doktor und Nachtwache verlassen das Hospital*

Da es unser letzter Tag ist, wandern wir als Team wieder geschlossen zu unserem Platz gegenüber der Grotte. Die Gruppe
ist während dieser Woche stark zusammengewachsen. Vieles
hat man geteilt und gemeinsam erlebt. Über so manche Hür-
de hat einem die Hand eines anderen hinübergeholfen. Es gibt
für vieles Dank zu sagen und unser Priester fasst dies in einem
Gebet zusammen. Über einen steilen Weg wandern wir aus
dem Heiligen Bezirk und werfen von der Plattform oben bei
der Basilika einen Blick auf die allabendliche Lichterprozession. Ein schöner Anblick.

20.30 Uhr   *Abendessen Team*

Das Abendessen haben wir heute gemeinsam auf der Terrasse,
was wirklich gemütlich ist. Gemeinsam mit einer Freundin
wandere ich anschließend noch einmal zur Grotte. Wir gehen
schweigend, jeder in seine Gedanken versunken, und lassen
viele dieser Gedanken im Gebet an der Grotte zurück. Anschließend suche ich meine Cousine Töni, mit der ich Frau

Macke treffen will. Ich habe Töni von ihr erzählt, und nun möchte sie sie unbedingt auch kennenlernen, um ihre Geschichte aus erster Hand zu hören. Frau Macke fährt bei einem der anderen Züge als Pilgerin mit. Früher war sie als Kranke dabei. Sie ist geheilt worden. Wir treffen Frau Macke in einem Restaurant und bereitwillig erzählt sie ihre Geschichte, die uns sofort in ihren Bann zieht:

„Es war 1995, als bei mir ALS diagnostiziert wurde. ALS ist eine schnell fortschreitende degenerative Erkrankung des motorischen Nervensystems, und bald war ich an den Rollstuhl gefesselt und komplett auf die Hilfe anderer angewiesen. So kam es, dass ich nach Lourdes pilgerte.

1999 kam ich von meiner dritten Lourdeswallfahrt zurück und war sehr enttäuscht. Es war kein gutes Jahr für mich gewesen. Ich hatte damals eigentlich beschlossen, dass es das letzte Mal gewesen war. Das nächste Jahr war auch kein gutes Jahr für mich – das Schlimmste war, dass meine Mutter Krebs hatte und es ihr sehr schlecht ging. Dazu kam, dass alle meine Geschwister zu ihr fuhren, aber keiner bereit war, mich mitzunehmen – meine Pflege war zu aufwendig. Meine Mutter äußerte dann den Wunsch, dass ich für sie in Lourdes beten und ihr einen Rosenkranz mitbringen solle.

Trotz vieler Bedenken machte ich mich daher wieder auf. Freude empfand ich keine. Bereits bei der Zugfahrt begann allerdings die Vorfreude in mir zu wachsen, und als dann eine Freundin, die ich auf der letzten Reise kennengelernt hatte, auch einstieg, wusste ich, dass es eine gute Entscheidung gewesen war. Meine Freundin, mit der ich ein Abteil teilte, war schwerkrank. Unsere Freude war riesig, als wir auch in Lourdes im Hospital in einem Doppelzimmer untergebracht waren. Vom Fenster aus konnte ich die Lichterprozession, die Stufen der Basilika und das leuchtende Kreuz sehen.

Bei der Eröffnungsmesse wurde uns der für uns verantwortliche Priester vorgestellt, von dem ich allerdings eher enttäuscht war. Ich hatte mir fest vorgenommen zu beichten, bei ihm wollte ich das jedoch nicht tun. Meine Malteser-Betreuerin schob mich zur Grotte, wo ich ruhig und zufrieden beten konnte. Ich hatte keine Erwartungen, war nur froh, da zu sein. Meine Begleitung wusch sich dann mit dem Wasser das Gesicht und empfahl mir dasselbe, weil es so gut täte. Als ich mir das Gesicht mit Wasser benetzte, wusste ich, dass ich dieses Jahr in die Bäder gehen sollte.

Am nächsten Morgen war Krankensalbung. Noch immer trug ich ein Unbehagen gegenüber dem Priester in mir, aber ich nahm mir vor, es zu ignorieren und ihn ganz als Stellvertreter Christi zu sehen. Als er mich segnete, fuhr es wie ein Blitz durch mich hindurch. Von seinen Worten hörte ich nur:

‚Ich richte dich auf.'

Den ganzen restlichen Tag gingen mir diese Worte durch den Kopf. Am Nachmittag fiel mir dann der zweite Teil ein:

‚Durch seine Gnade' – die Worte kreisten immerfort in meinem Kopf:

‚Durch seine Gnade richte er dich auf.'

Ich hatte das deutliche Gefühl, dass etwas geschah, aber ich konnte es nicht begreifen. Ich sprach nur mit meiner Zimmernachbarin darüber.

Am Tag danach meldete ich mich in den Bädern an. Ich wünschte, dass meine Seele reingewaschen würde, und empfand Angst wie bei einer Narkose. Meine Betreuerin gab mich am Eingang ab. Ich kam mir vor, als gäbe ich mich selber ab. Im Bad betete ich innig:

‚Herr, wasche mich rein und vergib mir all meine Sünden.'

Beim Eintauchen in das Wasser schnappte ich wie ein Ertrinkender nach Luft. Als ich dann wieder zu Atem kam, wurde mir ganz heiß und ich verspürte ein Kribbeln. Auf dem Weg zur Grotte war plötzlich ein Schmerz da, als würde mir ein Messer in den Rücken gestoßen, und kurz danach kam es mir vor, als ob in meinem Genick ein Gewinde sei und jemand mit fester Hand eine Schraube eindrehen würde. Es tat aber nicht weh. Bei meinem Besuch an der Grotte fühlte ich mich innerlich so leicht und froh wie seit langem nicht. Aber ich sprach mit keinem über mein Erleben. Ich wollte nur da sein und schweigen. Die Worte ‚Ich richte dich auf‘ hämmerten in meinem Kopf.

Abends erzählte ich meiner Freundin von meinen Gefühlen. Als ich nachts aufwachte und aufs Klo musste, wollte ich erst nach Hilfe klingeln, überlegte es mir dann aber anders. Ich hangelte mich über meinen Rollstuhl hinweg und ging selbstständig auf die Toilette. Meine Freundin, die erwachte und den leeren Rollstuhl sah, fragte erstaunt:

‚Was machst du denn da?‘, und ich antwortete:

‚Ich schaue, ob ich gesund bin.‘

Danach, als ich wieder im Rollstuhl saß, ließ ich mich wieder mit Hilfe ins Bett bringen. In dieser Nacht schlief ich sehr unruhig. Ich träumte von zehn Jungfrauen, die geheilt werden, aber nur eine kam zurück, um sich zu bedanken. Ich wurde wach und spürte innerlich, dass ich Dank sagen muss, lauten Dank, und das nie vergessen dürfte.“

Meine Cousine und ich sitzen vornübergebeugt und hören gebannt zu. Als Frau Macke eine Pause macht und fragt, ob wir nicht müde seien, bestürmen wir sie regelrecht, weiterzuerzählen… wir sind beide völlig gefangen von ihrer Geschichte. Sie lächelt und fährt fort:

„Als am nächsten Morgen Messe in der Grotte war, konnte ich mich schlecht konzentrieren. Immer noch hämmerten die Worte ‚Ich richte dich auf‘ in meinem Kopf. Ich fühlte einen inneren Zwang, durch die Grotte zu laufen – auf meinen eigenen Füssen –, aber ich wusste nicht wie. Nach der Messe ging ich zu unserem Priester beichten: bei dem, der mich gesegnet hatte und dem gegenüber ich ein schlechtes Gewissen hatte, weil ich erst so negative Gefühle ihm gegenüber hatte. Das Beichtgespräch war für uns beide gut. Ich sagte ihm, dass ich noch an diesem Tag durch die Grotte gehen würde, und ließ mich segnen.

Beim Kreuzweg sagte der Priester ein paar Worte, die mich direkt anzusprechen schienen und bis heute begleiten: Wer krank ist, trägt ein Kreuz – sicher ein schweres, aber auch gesund sein kann ein Kreuz sein – manchmal ein viel schwereres. Als ich meine Betreuerin fragte, ob es möglich sei, dass ich durch die Grotte ginge, meinte sie: Wo ein Wille ist, ist auch ein Weg. Sie versprach, zwei starke Männer zu besorgen, die mich stützen würden.

Am Mittwoch ging es dann zum Grottengang. Während meine Begleiter berieten, wie man mich am besten stützen könne, hörte ich immer wieder die Worte ‚Durch meine Gnade richte ich dich auf!', und ich hörte, wie ich selbst mein ‚Ja' dazu sagte. Ich wurde bis zur Quelle mit dem Rollstuhl gefahren. Mir wurde auf einmal ganz heiß von innen. Obwohl ich dachte, das Sich-am-Geländer-Hochziehen und das Sich-Hinstellen ginge leicht, kam es mir sehr schwer vor. Aber ich hatte ‚Ja' gesagt und wollte und musste nun weiter. Ich sah und hörte auf einmal nichts mehr. Ich spürte nur zwei starke Arme, die mich führten. Unterhalb der Muttergottesstatue blieb ich stehen. Ich spürte ein heißes Kribbeln, das durch mich durchging, und meine Betreuerin nahm von hinten meinen Kopf und richtete mich auf. Ganz gerade stehend, machte ich, wie von einer fremden Hand geführt, das Kreuzzeichen. Mir war ganz warm. Und nachdem die ersten Schritte so schwer gingen, waren die letzten ganz leicht. Am Ende der Grotte empfing mich der Ordner mit Kusshand und Tränen in den Augen.

Sehr geehrte Leserin, sehr geehrter Leser,

Sie haben das Buch _____ aus unserem Verlag erworben oder geschenkt bekommen. Wir hoffen, dass es Ihnen zusagt und wünschen Ihnen beim Lesen und Betrachten Freude und Inspiration. Ihre Meinung über das Buch würden wir gerne hören. Bitte teilen Sie uns Ihre Eindrücke an dieser Stelle mit.

Gerne informieren wir Sie regelmäßig über unsere Neuerscheinungen. Wenn Sie dies wünschen, senden Sie uns bitte diese Karte mit Ihrer Adresse versehen zurück. Vielen Dank.

Ich bin auf dieses Buch aufmerksam geworden durch:

☐ meine Buchhandlung

☐ eine Buchbesprechung/Anzeige in

_____

☐ eine Empfehlung von Freunden/Bekannten

☐ einen Besuch in Gnadenthal

☐ einen Prospekt

☐ die Verlags-Homepage www.praesenz-kunst-und-buch.de

☐ Ich habe das Buch geschenkt bekommen.

Name / Vorname

Straße / Hausnummer

PLZ / Wohnort

E-Mail-Adresse
(Mit der Zusendung von Informationsmaterial bin ich einverstanden.)

Präsenz

Präsenz Kunst & Buch
Gnadenthal 17a · 65597 Hünfelden
Telefon: 0 64 38 / 81-281 · Fax: 0 64 38 / 81-282
info@praesenz-verlag.de
www.praesenz-kunst-und-buch.de

Mit der Rücksendung erkläre ich mich einverstanden, dass meine Adresse in die Kundendatei von Präsenz Kunst & Buch aufgenommen wird. Wenn ich keine Zusendung mehr wünsche, kann ich jederzeit eine Adresslöschung verlangen.

Antwortkarte

Präsenz Kunst & Buch
Gnadenthal 17a

65597 Hünfelden

Als ich wieder im Rollstuhl saß, mussten wir alle weinen. Ich konnte nicht beten. Ich konnte nur weinen und danke sagen."

Wir sind auch bereits den Tränen nahe. Wie sie uns da gegenübersitzt und erzählt – ganz authentisch – mit ihrer liebevollen Stimme – aufrecht und offensichtlich gesund. Wir können nur beeindruckt schweigen. Frau Macke scheint die Erinnerung nahezugehen, aber sie lacht uns an und meint: „Das war noch nicht alles". Dann berichtet sie weiter:

„Beim Rückweg von der Grotte zog gerade die Sakramentsprozession mit dem Allerheiligsten an uns vorbei. Ich verspürte das dringende Bedürfnis, auf die Knie zu gehen. Da waren sie schon vorüber – und ich nahm mir vor, es noch zu tun – auch wenn ich nicht wusste, wie.

Am nächsten Tag wurde ich immer unruhiger. Wir würden nicht als Gruppe zur Sakramentsprozession gehen, und ich befürchtete, nicht hinzukommen. Als meine Betreuerin in die Runde fragte, ob jemand gehen wolle, war ich innerlich ganz froh. Sie schob meinen Rollstuhl und wir mussten uns beeilen und hatten auch keinen vorgesehenen Platz in der Basilika. Ich wurde ganz vorne zu den ‚Rollis' geschoben – neben eine fremde Gruppe. Ich wusste, dass ich diese Chance nutzen musste, wenn ich mich kniend vom Herrn verabschieden wollte – ins Anbetungszelt würde ich es nicht mehr schaffen. Ich hatte Angst. Aber da die fremde Gruppe mich nicht kannte, schüttelte ich meine Angst ab, mich zu blamieren, wenn ich nicht wieder hochkäme.

Auf einmal wurde ein Rollstuhl mit einem Mann vor mich gestellt. Im ersten Augenblick war ich enttäuscht, nun in der zweiten Reihe zu sein, aber dann wurde mir klar, dass es ein Geschenk des Himmels war. Ich konnte mich beim Aufstehen und Hinknien an dem Rollstuhl vor mir festhalten. Als Jesus in der Monstranz zu uns kam, wusste ich, dass er mich ansah.

Ich kniete mich vor ihm auf den Boden. Was ich dachte und fühlte, lässt sich nicht in Worte fassen. Ich war so glücklich und konnte nur ‚danke' sagen."

Dieser kurze Moment und diese starke Gewissheit, dass der Herr Jesus Christus sie und nur sie allein ansieht, ist ihr tief ins Herz eingeschrieben und begleitet sie bis heute. Das sagt sie, und das strahlt sie auch aus. Aufmerksam hören wir weiter zu:

„Die letzte Nacht verbrachte ich betend. Ich konnte in der Nacht ganz alleine zur Toilette und zurück ins Bett. Mein Rollstuhl hatte sich am Bett verkeilt und war nicht loszubekommen. Am Morgen kam ein Pater und konnte ihn nur mit Mühe freibekommen. Das war ein Zeichen Gottes – denn so musste er glauben, dass ich selbständig auf dem Klo gewesen war. Ich sprach außer mit den Beteiligten mit keinem über die Vorkommnisse in Lourdes.

Vier Wochen später konnte ich ohne Krücken laufen, Essen kochen und leichte Hausarbeit verrichten. In der fünften Woche konnte ich ohne Rollstuhl nach Bayern fahren, um meine Mutter zu pflegen und ihr beim Sterben beizustehen. Für sie war es das größte Geschenk, mich gesund zu sehen, weil sie sich immer Sorgen gemacht hatte, wie es nach ihrem Tod weitergehen sollte. So konnte sie in Frieden heimgehen."

Frau Macke ist geheilt worden. Im März 2009 hat ihr die Ärztekommission aus Lourdes bestätigt, dass die Heilung nicht erklärbar ist. Ich frage sie, welche Bedeutung es für ihren Glauben hat, wenn die Heilung sozusagen von offizieller Seite bestätigt wird. Ist eine solche Urkunde nicht nur eine wertlose Formalie? Spielt sich die Erkenntnis der Heilung nicht allein im Geist ab? Frau Macke sagt ganz klar, dass sie auch ohne die Bestätigung leben könne – das Wunder ist wahr. Aber dennoch ist es irgendwie gut zu hören, dass das, was geschehen ist, aus wissenschaftlicher Sicht tatsächlich völlig unerklärbar ist.

Auch wenn es aus Rom noch keine Anerkennung gibt – es ist ein Wunder. Zum Abschluss erzählt sie uns noch von den Schwierigkeiten, die ihre Heilung mit sich brachte – den Unglauben ihrer Familie, das endgültige Aus ihrer Ehe. Immer wieder muss sie an die Worte des Priesters denken, dass Gesundsein ebenfalls ein schweres Kreuz bedeuten kann. Dabei strahlt sie trotz allem eine Güte und Freude aus, die uns völlig für sie einnimmt. Wir bedanken uns sehr für ihren Bericht und wandern still zurück ins Hotel.

Donnerstag nach Pfingsten

Abreisetag", schießt es mir durch den Kopf, als ich das erste Mal von meinem Wecker aus dem Schlaf gerüttelt werde. Frau Mackes Geschichte hatte uns so in den Bann gezogen, dass wir erst sehr spät ins Bett gefunden haben, und jetzt büße ich das mit schweren Gliedern und Augen, die sich einfach nicht öffnen wollen. Aber was sein muss, muss sein, und eine heiße Dusche tut das ihrige. Doppelt genieße ich das Wasser beim Gedanken, dass es die letzte Gelegenheit dazu ist, bis wir wieder in Tannheim sein werden.

06.00 Uhr   *Frühstück Team, Dienstbeginn*

Titian schleppt seinen Koffer hinunter in die Halle und stellt ihn zu den anderen. Dort wird ihn das Kofferteam später abholen und an den Bahnhof bringen. Titian bewegt sich träge und langsam – noch nicht ganz wach. Seine dunklen Haare stehen etwas wirr vom Kopf ab und er hat Ringe unter den Augen. Er gähnt. Und doch freut er sich auf den Tag. Er kann kaum glauben, dass der letzte Tag in Lourdes bereits angebrochen ist. Die Woche scheint wie im Flug vergangen zu sein. Beim Frühstück fällt ihm auf, dass Tassilo und sein Zimmergefährte noch nicht aufgetaucht sind. Um ihnen die Standpauke zu ersparen, die ein Verschlafen mit sich bringt, flitzt er wieder nach oben und weckt die beiden, die sich tatsächlich noch im Tiefschlaf befinden.

06.45 Uhr   *Hl. Messe Team*

Die morgendliche Teammesse findet in der Krypta unter der Basilika statt, die wirklich wunderschön ist. Sie wurde 1862 gebaut und 1866 eingeweiht. Damals war Bernadette noch selbst mit dabei. In der Mitte befindet sich eine Madonna im Strahlenkranz. In der Krypta, die die erste Kirche gewesen ist, die im Wallfahrtsort Lourdes errichtet wurde – und zwar auf dem Fels unmittelbar über der Grotte –, ist es angenehm kühl. Einige aus dem Team, die den Anschluss verpasst haben, stoßen etwas später dazu. Alle haben wieder ihre Reisekleidung an – die Jungs die blauen Overalls und die Mädchen die blauweißgestreiften Kleider.

07.15 Uhr *Morgenbesprechung Saalschwestern*

Heute werden alle in kleine Teams eingeteilt. Eine Gruppe wird mit den Kindern und unter dem wachsamen Blick unseres Chefs Tobias in den Transitsaal gehen, eine andere ist mit mir zum großen Saalputzen eingeteilt. Wir müssen den Bereich, in dem unsere Kinder untergebracht waren, wieder sauber übergeben, bevor wir abreisen. Und das Kofferteam ist ebenfalls fleißig unterwegs. Für alle bedeutet diese Aufteilung ein Tag hart am Limit. Daher schärfe ich den Saalschwestern noch einmal ein, besonders auf jedes einzelne Teammitglied zu achten.

08.30 Uhr *Kinderfrühstück*

Nach dem Frühstück versammeln sich die Kinder bei den Aufzügen und fahren nach oben in den Transitsaal. Das ist ein großer Raum im Obergeschoss des Hospitals. Man hat von dort einen wunderschönen Blick über Lourdes. Aber nicht umsonst ist so mancher, der zum Putzen eingeteilt ist, insgeheim erleichtert. Denn im Transitsaal müssen die Kinder die nächsten Stunden von sehr wenigen Betreuern amüsiert werden. Und jeder weiß, wie unruhig Kinder werden, wenn sie stundenlang in einem Raum eingesperrt sind – sei er noch so groß.

09.30 Uhr *Beginn großes Saalputzen*

Kenny geht es weiterhin nicht gut. Er hat sich wieder übergeben und so lässt Theodor ihn in seinem Bett liegen, während er mit den anderen hoch in den Transitsaal wandert. Ich schaue während des Putzens immer mal wieder zu dem Sorgenkind hinein. Kenny schläft lang ausgestreckt auf dem großen Bett. Seinen Schlauch mit den blauen Wäscheklammern hat er mit der kleinen Hand fest umschlossen.

In den Sälen wird eifrig geputzt, geschrubbt und Betten werden im Akkord gemacht – immer mit der korrekten Eckenfalte. Bis das Kofferteam die Koffer abgeholt hat, herrscht noch ziemliches Chaos, dann geht alles gut und schnell. Ich bin richtig stolz auf mein Putzteam. Jeder scheint zu wissen, wo er Hand anlegen muss, und alle arbeiten einträchtig zusammen. Die Zimmer müssen einzugsbereit für die nächste Pilgertruppe hinterlassen werden.

10.00 Uhr *Kindermesse im Transitsaal*

Zur Messe bringe ich dann den müden Kenny nach oben und übergebe ihn der Heimbegleiterin, da Theodor Gitarre spielt. Im Transitsaal scheinen alle gut zurechtzukommen. Kajetan fragt mich lauthals, wo sein zuständiger „Maldesor" sei, und zieht eine beleidigte Schnute, als ich ihm erkläre, dieser müsse die Koffer in den Zug packen. „I känt au Koffer packe", stellt er im Brustton der Überzeugung fest. Er bringt mich mit seinen drolligen Aussprüchen immer wieder zum Lachen. Ich versuche ihn also zu überzeugen, dass es viel wichtiger sei, dass er hier gemeinsam mit Tobias die Lage unter Kontrolle hält. Mit wichtigem Gesicht zieht er daraufhin zufrieden ab, um auf seinen Posten zu gehen. Unser Geistlicher zieht schließlich die allgemeine Aufmerksamkeit auf sich, um mit der Messe zu beginnen. Während der Feier werden die erworbenen Devotionalien gesegnet, die die Kinder nun nach vorne tragen. Da sind Rosenkränze und kleine Kreuze, aber auch eine Glitzergrotte oder leuchtende Madonnen zu sehen. Jedem nach seinem Geschmack. Leider kann ich nicht dabeibleiben und schleiche mich von dannen – das Putzen ruft.

Glücklicherweise konnte ich für unsere Putzaktion mehr Zeit bekommen, bis zur Kontrolle durch das Hospital. Also gibt es dieses Jahr keinen Stress. Um halb zwölf sind wir bereits fertig – dann geht's ab zu den Kindern.

11.30 – 12.30 Uhr   *Kindermittagessen im Transitsaal*

Die Zeit im Transitsaal zieht sich wie jedes Jahr endlos dahin. Alle spielen, schlafen oder schauen aus dem Fenster. Die kleinen Buben machen Remmidemmi und wandern schließlich mit ihren Betreuern raus auf die Terrasse – frische Luft und ein bisschen toben vor der Zugfahrt kann nicht schaden. In einem kleinen Nebenzimmer liegen Kalle und Kenny. Kalle hat sich heute Morgen auch erbrochen, was unsere Ärzte dazu veranlasst, besorgt eine Umlegung im Zug zu planen. Ich schiebe also in Gedanken Kinder hin und her, und schließlich wird ein „Kotzabteil" eingerichtet – die anderen Kinder werden umverteilt. Vielleicht ist es ja doch ansteckend.

Tina sitzt an Kalles Bett und genießt die Ruhe. Kalle ist allerdings schon wieder sichtlich auf dem Weg der Besserung. Mit frechem Gesicht kniet er auf seinem Bett und streckt den Finger in Kennys Richtung. Offensichtlich hat er schon wieder genug Energie, um seinen kleinen Kameraden ärgern zu wollen. Erschöpft vom Putzmarathon geselle ich mich zu den kranken Buben und strecke mich kurz auf einem leeren Bett aus. Ich höre erleichtert, dass es unserer Freundin und ihrem

Baby gutgeht. Die Gebete scheinen Gehör gefunden zu haben, denn der Infekt ist nicht schädlich für ihr Kind.

Nach einer gefühlten Ewigkeit kommen dann endlich die Busse.

14.00 Uhr *Abfahrt der Kinder zum Bahnhof*

Im Bus wird wie immer das Lourdes-Lied angestimmt, und bis wir beim Bahnhof sind, werden alle Strophen zum Abschied noch einmal inbrünstig gesungen: „Aveee, Aveee…", klingt es aus fröhlichen Kinder- und müden Helferkehlen. Am Bahnhof angelangt werden wir in einen weiteren Transitsaal verfrachtet und müssen eine noch endlosere Stunde warten. Ich wandere das Gleis nach hinten zum Zug und bewundere mal wieder das Kofferteam, das präzise und schnell alles in die Waggons verlädt. Die Kinderkoffer sind bereits alle verstaut.

Schließlich bekommen wir grünes Licht und dürfen einsteigen. Ich wandere zurück zu den Kindern, die gerade eingeladen werden. Kilian freut sich bereits auf die Zufahrt, verkündet aber schon mal, dass er nicht nach Hause fahren will, sondern wieder nach Lourdes… Die Kinder nehmen schnell ihren Waggon wieder in Besitz. Die Kaspers, Kajetans und Kasimirs machen eine Schnitzeljagd und suchen einen Schatz… damit sind sie beschäftigt – ihre Betreuer allerdings auch! Tina grinst mich nur schief an, während sie hinter Kalle, der sein kurzes „Kotztief" offensichtlich überstanden hat, den Gang hinuntereilt…

15.20 Uhr *Voraussichtliche Abfahrt des Zuges*

In den Abteilen tritt rasch träge Ruhe ein. Sowohl Kinder als auch Team schlafen, wo sie nur können. Nur die kleinen Buben – die schlafen nie. Aus den Abteilen gehen die

Teammitglieder in Schichten schlafen – oder Pause machen. Bald tönen von überallher wieder die Kassettenrekorder. Die Ö3-Hits sind heiß begehrt! Ich wandere ins „Kotzabteil" und besuche die Sorgenkinder. Kalle hat sich längst bestens erholt und macht Unfug, während Kenny total erschöpft auf der oberen Liege liegt und schläft. Dort kann Kalle, der schon wieder Lust darauf hat, ihn zu ärgern, ihn nicht erreichen. Als ich hereinkomme, hat Kenny gerade schwallartig auf alle heruntergekotzt. Tessa, die ungünstigerweise im Abteil in Schusslinie war, lacht schallend, während sie verschwindet, um sich die Haare notdürftig zu waschen.

Tina macht gerade sauber, und im gemeinsamen Ekel einigen wir uns mit einem Blick und lassen den Teppich des Abteils aus dem Fenster verschwinden. Keine großen Umstände. Glatte Böden lassen sich eindeutig besser putzen und stinken nicht so. Sie berichtet, das Kenny zwei Gläser Wasser getrunken hat, worüber alle eigentlich ganz froh gewesen waren, es aber keine fünf Minuten später wieder losgeworden ist. Ich betrachte den kleinen Mann. Es ist ein Jammer, dass es ihm den Großteil der Woche über so schlechtging. Sobald er zu Hause ist, muss er wohl von seinem Arzt richtig untersucht werden… ich hoffe wirklich, es ist nichts Gravierendes.

16.00 Uhr   *Team-Jause*

Es wird in zwei Schichten nach vorne gewandert. Ich besuche Onkel Titus, der seinen Platz im Gepäckwaggon wieder eingenommen hat, und rauche mit ihm eine Zigarette. Er erzählt mir von seinen Eindrücken der Woche und klingt hochzufrieden – mit sich und der Welt.

In Abteil 6 herrscht reges Durcheinander. Die kleinen Buben sind ziemlich aufgedreht. Tina öffnet die Abteiltür und setzt sich mit

Kalle dazu. Kasper will ihn gleich fesseln – er ist schließlich Polizist und Kalle ein berühmter Spielzeug-Dieb. Um das Gerangel etwas unter Kontrolle zu bekommen, beginnt Tina die Buben nach ihrer Woche auszufragen. Rege sind sie bei der Sache und geben zum Besten, was ihnen an der Woche gefallen hat. Als Tina Kasper fragt, was er am liebsten hatte, legt er kurz den Kopf schief und denkt nach.

„Polizei spielen... und das Baden", verkündet er schließlich. Tina hakt noch einmal nach.

„Das Baden? Fandst du das Wasser nicht ziemlich kalt?"

Der sommersprossige Bub schaut ihr daraufhin direkt in die Augen und meint ernsthaft:

„Weißt du, das Wasser, das fühlt sich an wie Gott!"

Der Nachmittag ist lang. Ich wandere immer wieder in verschiedene Abteile, sitze eine Weile bei Kiki, wobei ich herrlich kurz einschlafe, während sie in meinen Armen hängt. Sie stört das nicht. Sie übt an den Bändern ihrer Hose, eine Schleife zu binden – dazu braucht sie Zeit und Ruhe. Um ihre Hände zielsicher einzusetzen, braucht sie viel Konzentration, weil sie immer wieder Bewegungen machen, die sie nicht machen möchte. Stolz zeigt sie mir den Knoten, den sie geschafft hat, als ich wieder erwacht bin. Ich knote ihn wieder auf, und sie übt erneut. Ihre Augen leuchten selbstbewusst, als sie mir einen weiteren Knoten präsentiert.

Später wandern alle Kinder, die selbstständig gehen können, in den Gesellschaftswagen.

18.00 Uhr *Kinderabendessen*

Alle anderen bekommen das Essen in ihre Abteile. Ich geselle mich zu Theodor und Kenny ins „Kotzabteil". Kalle scheint wieder gänzlich genesen zu sein und wandert mit Tina zum

Abendessen. Ich döse ein bisschen im ruhigen Abteil. Dann mache ich mich mal wieder zum Windelschrank auf. Und auch das Klo bedarf einer dringenden Reinigung. Mit gelben Putzhandschuhen bewaffnet mache ich mich ans Werk.

19.00 Uhr   *Beginn Abendpflege*

Es ist ein einziges Gewusel am Gang. Kinder wandern in die Klos und an die Waschbecken. In den Abteilen wird Katzenwäsche gemacht, Windeln werden gewechselt und Schlafanzüge gesucht. Tassilo nimmt sich Zeit mit Klaras Abendpflege. Alles, was am Anfang schwer bis unmöglich schien, geht ihm jetzt problemlos von der Hand. Behutsam wäscht er das kleine Gesicht, die kleinen Hände. Er ist schon etwas wehmütig beim Gedanken, dass er sie morgen wieder abgeben muss. Die Schwester hat ihm erzählt, dass Klara vollkommen blind ist und man nicht genau weiß, ob sie überhaupt unterscheiden kann, mit wem sie es gerade zu tun hat. Aber wirklich wissen kann man das natürlich nicht. Tassilo hat schon dass Gefühl, dass sie auf ihn reagiert. Auf seine Stimme, seine Nähe. Sicher ist eines – sie braucht sehr, sehr viel Liebe. Vielleicht, denkt Tassilo, ist sie nur deswegen auf der Welt: um geliebt zu werden, sich lieben zu lassen, andere Menschen die Einfachheit, Direktheit und Unkompliziertheit der Liebe zu lehren – indem sie diese Liebe einfordert. Tassilo ist sich nicht sicher, wer von ihnen beiden diese Liebe gerade zu dieser Zeit dringender gebraucht hat.

20.00 Uhr   *Abendgebet/ Beginn Nachtwache*

Ich begleite den Priester beim Singen und Beten in einigen Abteilen. Anders als bei der Hinfahrt ist zu erwarten, dass die meisten Kinder heute Nacht Schlaf finden werden. Die Anstrengungen der Woche fordern auch bei ihnen ihren Tribut.

Als alle Kinder zu Bett gebracht worden sind, ziehen sich die Teammitglieder in ihre Abteile zurück. Der Gesellschaftswagen ist noch geschlossen, weil die Küche dabei ist, ein herrliches Abendessen herzurichten.

ca. 21.00 Uhr   *Teamabendessen*

Ich darf trotzdem durch, hole noch ein paar Wickelunterlagen und bekomme auf dem Weg von Trixi einen Campari-Orange. Das tut gut. Beschwingt bin ich wieder auf dem Weg nach hinten. Mittlerweile liegen alle Kinder in ihren Abteilen, und die Nachtwache beginnt ihren Dienst, wozu ich ihnen noch etwas Verpflegung nach hinten bringe. Karima sitzt noch aufrecht auf ihrer Liege und scheint froh zu sein, dass Till Nachtwache hat. Der richtet sich mit seinen beiden Nachtwachenkolleginnen schon das Schaffnerabteil gemütlich her.

Schließlich macht die Küche auf und alle stürzen sich auf herrliche Salate, Pastete, Baguette und was es sonst noch an Köstlichkeiten gibt. Trixi hat den Wagen schön geschmückt, mit roten Tischdecken und Fahnen…

Schließlich gibt es noch die jährliche Lobes- und Dankrede von Tobias, die mit lautem Gejohle und Geklatsche kommentiert wird. Und dann die eindringliche Erinnerung, dass wir morgen noch einen langen Tag vor uns haben…

Dann kehrt endlich Gemütlichkeit ein. Hinten im Gepäckwaggon packen Tobias und Theodor ihre Gitarren aus, und es werden Lieder gesungen. Vorn im Küchenwagen läuft Musik. Alle entspannen sich. Tobias und ich lösen dann noch die Nachtwache für eine Stunde ab, damit die auch ein bisschen entspannen können. Ich genieße diese Stunde immer. Ganz in Ruhe können wir hier noch mal die Woche Revue passieren lassen und allerlei andere Dinge besprechen.

Die Nacht endet wie jedes Jahr sehr spät. Einige bekommen nicht mal eine Stunde Schlaf, auch ich gehöre dazu. Ab jetzt heißt es, Augen auf und durchhalten…

Freitag nach Pfingsten

Schon bevor die Nachtwache zum Wecken kommt, bin ich wieder auf den Beinen. Die Nacht war „durchwachsen", wie die Nachtwache berichtet. Einige Kinder haben wohl doch wieder gar nicht geschlafen. Kurt hat mit seiner Windel eine ordentliche Schmiererei veranstaltet, was eine große Waschaktion nötig machte. Ich will mir gar nicht näher vorstellen, wie die drei das in dem kleinen Zugklo bewerkstelligt haben. Kurt sitzt auf jeden Fall höchst zufrieden auf seiner Liege und glänzt sauber. Alles in allem war die Nacht in Ordnung. Ich fülle also mal wieder den Windelschrank auf und gönne mir dann in Gesellschaft von unserem schweigenden Arzt und dem betenden Priester einen Kaffee. Ja – und eine Zigarette.

06.00 Uhr   *Wecken des Teams durch die Nachtwache*

Till übernimmt das Wecken, und weil er wie ein Terrier durch die Abteile bellt, sind dann auch schließlich alle wieder wach – auch die, die erst vor einer knappen Stunde den Weg in ihr Abteil gefunden haben. Aber heute gilt das alte Motto: Wer feiern kann, kann auch aufstehen und anpacken! Mit verquollenen Augen, Kissenabdrücken auf den Wangen und ungeniert gähnend sammelt sich das Team zum Kaffee im Küchenwagen.

07.00 Uhr   *Morgengebet, Beginn Morgenpflege*

In den Kinderabteilen steht die Luft, und so reißt Tatjana erst mal das Zugfenster weit auf, als sie dort eintrifft. Dann setzt sie sich zu der noch schlafenden Kira ans Bett und krault ihr den Rücken. Langsam und gemütlich erwacht das Mädchen und die beiden machen sich gemächlich an die Morgenpflege.

08.00 Uhr *Kinderfrühstück*

Kurz nach sieben sind die ersten gutgelaunten Kinder bereits beim Frühstück, auf jeden Fall die kleinen Buben. Die halten nicht viel von langen Waschaktionen, und das Zähneputzen wird nach dem Essen erledigt. Kasper und Kajetan sitzen einträchtig auf den Bierbänken einander gegenüber und schaufeln sich um die Wette Nutellabrote in den Mund.

Der restliche Vormittag ist geprägt von unterschiedlichen Eindrücken: In manchen Abteilen wird fröhlich gesungen, in anderen dominieren schlafende Teammitglieder, und Kenny speit erneut. Theodor ist ziemlich besorgt. In der Nacht hat er geträumt, dass Kenny stirbt. Obgleich er auch fröhliche und lustige Momente mit Kenny in Lourdes hatte, hat die Sorge um ihn doch überwogen. Er hofft inständig, dass die Ursache für seinen Zustand schnell gefunden wird, sobald er wieder im Heim angekommen ist. Nachdem Kenny seit Tagen nur Wasser zu sich genommen hat, hält sich die Schweinerei in Grenzen und ist schnell behoben. Dann nimmt Theodor ihn auf den Schoß und darf auch hin und wieder eine der blauen Wäscheklammern am Schlauch versetzen…

Die meisten verkriechen sich nach und nach, um etwas Schlaf nachzuholen – auch in den Kinderabteilen wird der mangelnde Nachtschlaf teilweise so wieder aufgeholt. Kurt schnarcht auf jeden Fall genüsslich in Tönis Armen vor sich hin. So bekommen beide, was sie brauchen.

Die kleine Räuberbande jagt immer noch ihrem Schatz hinterher und schließlich und endlich gibt es auch schon ein sehr frühes Mittagessen.

11.30 – 12.00 Uhr *Kindermittagessen*

Das bringt noch mal Bewegung in den Trupp. Trixi schafft in aller Eile, damit alle satt werden.

Dann begebe ich mich noch mal zu den Kinderabteilen, schaue, dass alle wirklich alles zusammenpacken, und schicke auch das Team seine Sachen packen, was bei aller Geschäftigkeit immer mal wieder vergessen wird.

14.00 Uhr *Kofferteam trifft sich im Küchenwagen*

Das Koffer- und Küchenteam trifft sich im Küchenwagen und räumt auf und macht sich bereit zum Ausladen. Kajetan will unbedingt bei seinem Betreuer bleiben und helfen. Das geht in diesem Moment leider nicht. Nur mit Mühe können wir ihn überzeugen, dass er eine wichtige Aufgabe hinten in den Kinderabteilen hat. Geschäftig zieht er schließlich ab, nicht bevor er lässig in die erhobene Hand seines „Maldesor" eingeschlagen hat.

15.00 Uhr *Ankunft in Ulm,*
    sofortiges Entladen der Waggons

Als wir im Bahnhof in Ulm einfahren, hängen sich die Kinder aufgeregt aus dem Fenster. Am Bahnsteig empfangen uns bereits einige Eltern und die Betreuer aus den Heimen. Die Rollstühle werden schnell vom Gepäckwagen nach vorne gebracht und alle begrüßen einander, und viele der Kinder beginnen sofort zu erzählen.

Als Theodor, der Kenny auf dem Arm trägt, aussteigt, kotzt der Kleine seinen Großeltern direkt vor die Füße. Keine schöne Rückkehr. Seine Großmutter nimmt ihn besorgt auf den Arm. Müde schlingt er ihr die Arme um den Hals. Unsere

Ärztin und Theodor sprechen noch ausführlich mit ihnen, und alle sind sich einig, dass Kenny sofort noch mal zum Arzt soll, wenn sie im Heim angekommen sind.

Es ist ein heilloses Durcheinander am Bahnsteig. Ich versuche, alle Kinder, ihre Betreuer, die Eltern und Heimbegleiter ans hintere Ende des Bahnhofs zu lotsen, wo wir uns ein letztes Mal versammeln.

15.50 Uhr *Schlussgebet*

Unser Priester schafft es tatsächlich, trotz der Aufregung alle in einem Kreis um sich zu versammeln, und dann kehrt sogar halbwegs Ruhe ein, als wir zusammen ein letztes *Vaterunser* beten. Dann singen wir noch ein Lied. Bei so manchem Teammitglied beobachte ich eine Träne, während viele der Kinder hemmungslos und ungeniert heulen.

Tassilo hat Klara aus ihrem Rollstuhl gehoben und wiegt sie während des Liedes liebevoll hin und her. Er ist froh zu wissen, dass der kleine Blondschopf ein Schützling der Ordensschwester ist, die er in dieser Woche sehr zu schätzen gelernt hat. Er wird nicht weinen! Bestimmt nicht! Wenn ihm der einfahrende Zug etwas Staub ins Auge wirbelt, dann kann er ja auch nichts dafür...

Tatjana steht hinter Kira, während das letzte Gebet gesprochen wird. Dann dreht sie das Mädchen zu sich um und nimmt es in die Arme. Kira erwidert die Umarmung, zeigt aber sonst keine Regung. Tatjana krault ihr noch ein letztes Mal den Rücken, bevor sie sie zum Bus begleitet. Sie lässt es sich nicht nehmen, sie bis zu ihrem Platz zu bringen. Als sie den Bus verlässt, bricht sie hemmungslos in Tränen aus und ist froh, als Töni sie tröstend in die Arme nimmt. Obgleich sie weint, ist es keine Trauer, die sie bewegt. Es ist das Abschiednehmen – ja, aber viel mehr noch die gesammelten Emotionen dieser Woche: die Höhen und Tiefen. Und die Aussicht, nach dieser intensiven Woche wieder in den Alltag zurückzukehren. Das kann sie sich kaum vorstellen.

Titian begleitet Kai zum Bus. Die Aufregung und der Lärm auf dem Bahnhof haben den Bub wieder völlig durcheinandergebracht. Er beißt sich in die Hand und versucht sich mit der anderen Hand auf den Kopf zu schlagen. Titian hat fest einen Arm um ihn gelegt, damit er sich nicht schlagen kann, und redet beruhigend auf ihn ein. Kais Verhalten kennt er nun schon. Er weiß, dass der Junge sich wieder beruhigen wird, wenn er in seine gewohnte Umgebung kommt. Es ist gut, das zu wissen. Aber es ist dennoch sehr schwer für Titian, ihn so am Bus abzugeben. Er versucht ein letztes Mal, Kais Blick zu fangen. Für eine Sekunde gelingt es ihm. „Komm gut heim, Kai, gell? Das war eine schöne Woche mit dir! Danke." Ob bei Kai davon etwas ankommt, weiß er nicht. Aber er hofft es.

Als er wieder aus dem Bus steigt, springt ihm Kasper in die Arme. „Tschüüüüs... bis zum nächsten Mal", brüllt er ihm fröhlich ins Ohr und schlingt kurz die Arme um seinen Hals, bevor er flink in den Bus klettert und sich neben Kiki niederlässt, die bereits auf einem Fensterplatz sitzt und winkt. Unbemerkt wischt sich Titian eine Träne aus dem Augenwinkel. Dieses kurze, aber heftige Zeichen von Zuneigung bringt seine bislang gut aufrechterhaltene Fassung dann doch ins Schwanken.

Ich beobachte die Abschiedsszenen und mache mich schließlich selbst daran, „Auf Wiedersehen" zu sagen. In meinem Fall wird es ein baldiges Wiedersehen geben, da ich spätestens am Montag mit vergessenen Sachen und übriggebliebenenSach-Spenden in die Heime fahre. Ich bin froh zu wissen, dass es den Kindern in ihren Heimen gutgeht – und dass sie die

Erinnerung an diese Woche Lourdes noch lange in ihren Herzen tragen. Die Busse sind schließlich bereit, und die Kinder werden fertig eingeladen. Ich muss mir ein Lachen verkneifen, als ich an einen der kleinen Busse komme: Kira, Klaus, Katinka, Kajetan und Kirsten veranstalten ein lautes Heul-Konzert, lassen sich gar nicht trösten und stacheln sich gegenseitig immer wieder an. Die Begleiterin aus dem Heim zwinkert mir zu – wir wissen beide, dass alle fünf nach zwei, drei Kilometern auf der Straße eingeschlafen sein werden. Schließlich winken wir den Bussen hinterher... und mir rutscht die Verantwortung, die wie ein schwerer Eisenklotz auf mir gelastet hat, von den Schultern. Ich blicke dem Bus hinterher und winke noch ein letztes Mal für dieses Jahr ...

Nachklang

Kenny ist noch am Sonntag operiert worden. Der Schlauch von seinem Shunt war herausgerutscht, und so konnte das Wasser, das sich in seinem Kopf bildet, nicht richtig ablaufen. Deswegen hat er sich ständig erbrochen. Das Speien hat den Druck etwas gelindert, den er gefühlt haben muss. Da er jedoch über keine Schmerzen geklagt hatte, war es nicht zu diagnostizieren. Auch der Arzt in seinem Heim konnte nicht sofort sagen, was das Problem war. Später hat er gesagt, Kenny müsse in Lourdes eine ganze Horde von Schutzengeln dabeigehabt haben, dass er es so gut überstanden hat. Als ich ein paar Tage später mit dem Heim telefoniere, höre ich, dass Kenny schon wieder ganz fidel und fröhlich ist. Er hat auch schon gefragt, wann es wieder nach Lourdes geht. Ein weiteres Wunder.

Nachwort

Es ist berührend zu sehen, wie viele Beziehungen in dieser Woche entstanden und gewachsen sind: zu den Kindern, zwischen den Teammitgliedern und zu Gott. Viele sind über ihre Grenzen hinausgewachsen. Ich durfte erleben, wie Hemmungen überwunden wurden und Herzen sich geöffnet haben. Viele haben in dieser Woche Situationen gemeistert, die sie sich nicht hätten träumen lassen. Und was die meisten mit nach Hause nehmen, ist ein tiefgehendes geistiges Auftanken. Der Körper ist zerschlagen und müde nach dieser Woche, aber im Kopf ist so mancher freier geworden. Die Probleme, die man zu haben meinte, rücken nach der Reise wieder in die richtige Perspektive. Die Dankbarkeit für das Leben, das man hat und führen darf, rückt in den Vordergrund. Es tut der Seele gut, wenn der Mensch für eine Weile bewusst seine eigenen Bedürfnisse in den Hintergrund stellt und sich ganz auf einen anderen Menschen hin ausrichtet. Im Dienen liegt eine große Kraft, und ich kenne so manchen, der das Gefühl hat, in dieser Woche mehr bekommen als gegeben zu haben.

Nicht zuletzt ich selbst. In meinem ersten Jahr als Leiterin des Zuges war ich von vielen der Situationen schlichtweg überfordert. Vor allem, bevor es losging. Ich habe mir tausend Sorgen und Gedanken gemacht und regelmäßig Alpträume gehabt. Ich wusste einfach nicht, wie ich über alles den Überblick behalten sollte, wie ich in der Lage sein sollte, ein Team von 60 jungen Menschen anzuleiten – wie ich 40 geistig und körperliche behinderte Kinder heil nach Lourdes und zurück bringen sollte. Ich wusste um alle möglichen Schwierigkeiten – um Kinder, die ausrasten, schwere epileptische Anfälle bekommen, weglaufen. Und um Teammitglieder, die überlastet sind, nicht zurechtkommen, am Abend zu viel feiern …

Aber ich habe das ganze mit Jesus zusammen begonnen –
also beschloss ich an irgendeinem Punkt, ihm auch die ganze
Angst und Last zu übergeben. Die Alpträume habe ich bis
heute, und auch die Sorgen bin ich nicht losgeworden, aber
das Wunder geschieht jedes Jahr aufs Neue – die ganze Truppe
fährt nach Lourdes und zurück, und alle kommen ein Stück
reicher und froher wieder nach Hause. Und mein persönliches
Wunder ist es, dass ich eine sonderbare Ruhe und Gelassenheit geschenkt bekomme, die genau für diese Woche fest und
wahr ist. Darauf kann ich mich verlassen – wie kompliziert
und chaotisch die Vorbereitungen auch gewesen sein mögen:
Wenn wir einmal losgefahren sind, hält die Mutter Gottes ihre
schützende Hand ganz fest über uns. So ist es auch dieses Jahr
gewesen.

Dank

Ich möchte mich bedanken bei allen, die bei der Entstehung dieses Buches mitgewirkt haben. Besonders danke ich Waltraud Macke und Stephan Hohenberg, die sich mir als Interview-Partner zur Verfügung gestellt haben. Außerdem möchte ich allen danken, die mich an ihren Gedanken und Erlebnissen haben teilnehmen lassen, die in das Buch eingeflossen sind. Einige haben mich auch unwissentlich inspiriert – auch euch mein herzlichstes Vergelt's Gott!!

Last but not least möchte ich meinen treuen Probe- und Korrekturlesern danken: Antonia, Flaminia, Antoinette, Luise, Niko, Max, Lioba, Tanti und meinen Eltern! Eure Korrekturen, Überlegungen und aktives Mitdenken haben mir geholfen, vieles klarer und kritischer zu sehen, und dazu beigetragen, den Text zu dem werden zu lassen, was er jetzt ist! Danke.

Anhang

Beispiel eines Dienstplans:

Pfingstsonntag, 31. Mai 2009

05.30 Uhr	Frühstück Team, Dienstbeginn
06.00 Uhr	Morgenandacht Team im Hotel
06.30 Uhr	Morgenbesprechung
06.45 Uhr	Morgengebet, Beginn Morgenpflege
07.45 Uhr	Kinderfrühstück
08.30 Uhr	Verladen
09.30 Uhr	Internationale Messe in der Basilika Pius X.
11.30–12.15 Uhr	Kindermittagessen, alle helfen
12.15–13.15 Uhr	Erste Schicht zum Teammittagessen
13.15–14.15 Uhr	Zweite Schicht zum Teammittagessen
12.30–14.30 Uhr	Mittagsruhe für einige Kinder, spielen mit dem Rest
16.00 Uhr	Jause / Windeln wechseln etc.
16.30 Uhr	Verladen
17.00 Uhr	Sakramentsprozession
18.30 Uhr	Kinderabendessen
19.30 Uhr	Beginn Abendpflege, Übergabe an die Nachtwache
20.30 Uhr	Abendgebet / Beginn Nachtwache
20.45 Uhr	Team: Alle außer Doktor und Nachtwache verlassen das Hospital
21.00 Uhr	Abendessen Team
Nachtwache:	Tatjana, Töni, Tassilo

Pfingstmontag, 1. Juni 2009

06.15 Uhr	Frühstück Team, Dienstbeginn
07.00 Uhr	Hl. Messe Team
07.30 Uhr	Morgenbesprechung Saalschwestern
07.45 Uhr	Morgengebet, Beginn Morgenpflege
08.45 Uhr	Kinderfrühstück
10.00 Uhr	Verladen
10.30 Uhr	Hl. Messe mit den Kindern
11.30–12.15 Uhr	Kindermittagessen
12.15–13.15 Uhr	Erste Schicht zum Teammittagessen
13.15–14.15 Uhr	Zweite Schicht zum Teammittagessen
12.30–14.30 Uhr	Mittagsruhe für einige Kinder, spielen mit dem Rest
16.00 Uhr	Jause / Windeln wechseln etc.
16.30 Uhr	Verladen
17.00 Uhr	Sakramentsprozession
18.00 Uhr	Kinderabendessen
19.00 Uhr	Beginn Abendpflege
19.30 Uhr	Abendessen Team in 2 Schichten im Hospital
20.30 Uhr	Verladen
20.45 Uhr	Transport zur Lichterprozession
21.00 Uhr	Lichterprozession danach Nachtruhe / Beginn Nachtwache

Anmerkungen

1 *Lourdes und seine Bedeutung für uns Malteser,* Bailli Philipp Freiherr von Boeselager. Redigierte Fassung eines Vortrages bei der Delegation Süd-West der Deutschen Assoziation des Souveränen Malteser Ritterordens (Frühjahr 1997)

2 Ziel der Deutschen Hospitalité Notre Dame de Lourdes ist es, in Deutschland Helfer(innen) zu finden und zu unterstützen, die in Lourdes diesen Dienst für die Kranken und Schwächeren tun wollen.

Müsste man Angestellte einstellen, um den Pilgerstrom zu koordinieren, könnten sich viele Kranke eine Pilgerfahrt nach Lourdes nicht leisten.

Da jede/r Helfer/in die eigenen Reisekosten selbst tragen muss, scheitert der gute Gedanke der Hilfsbereitschaft oft an mangelnden finanziellen Möglichkeiten. Ein einwöchiger Aufenthalt in Lourdes kostet von Deutschland aus rund € 500,- pro Person.

Der Dienst ist vielseitig:
– Empfang und Hilfe beim Ein- und Aussteigen der Kranken
  am Bahnhof und am Flughafen
– Ordnungsdienst während der Prozessionen und Heiligen Messe
– Ordnungsdienst an der Grotte und vor den Bädern
– Begleitung und Hilfestellung der Kranken in den Bädern
– Hausarbeiten in den Krankenherbergen
– Rollstuhlverleih, Paramentenstickerei, Sakristei, Fundbüro
– Bereitschaftsdienst und Einsatz in der Erste-Hilfe-Station
  (nur examiniertes Personal)

In ihrer Heimat sind diese Helfer jeweils in nationale Hospitalitäten (Gemeinschaften) eingebunden. 1999 gründete Adelheid Freifrau von Gemmingen-Hornberg auch in Deutschland eine solche Gemeinschaft, die **Deutsche Hospitalité Notre Dame de Lourdes e.V.** mit Sitz in Friedenfels.

Welche Bedingungen muss man erfüllen?
- Man muss 18 Jahre alt sein.
- Man muss seine Reise und Unterbringungskosten selbst bezahlen (günstige Unterbringungsmöglichkeiten über die Hospitalité in Lourdes), Kosten für 1 Woche ca. € 500,– (Reise [Flug] + Unkosten).
- Man muss offen sein für die Not der Menschen in der eigenen Umgebung, ebenso wie in Lourdes.
- Man kommt in jeder Sprache in Lourdes zurecht, denn in Lourdes spricht man die Sprache des Herzens.

„Mein Auftrag ist nicht, sie zu überzeugen, sondern es ihnen zu erzählen", sprach die 14-jährige Bernadette Soubirous, nachdem die Mutter Gottes ihr 1858 erschienen war.
2008 feierte Lourdes sein 150-jähriges Jubiläum.

Die **Wallfahrtsaison dauert von April bis Oktober** – sollten Sie Interesse an diesem ehrenamtlichen und freiwilligen Dienst in Lourdes haben, melden Sie sich bei uns:
Deutsche Hospitalité Notre Dame de Lourdes e.V.
Kolpingplatz 1 · 95688 Friedenfels
Tel.: 09683 / 9144 · Fax: 09683 / 770
E-Mail: info@hospitalite.de · Web: www.hospitalite.de

3 Ein Rosenkranz besteht aus fünf *Gesetzen*, die jeweils aus zehn *Ave Maria*, einem *Ehre sei dem Vater* und einem *Vaterunser* bestehen.

4 Quelle: Gotteslob (Gebetbuch)

Da der Zug sich ausschließlich durch Spenden finanziert, sind wir für jede Gabe sehr dankbar!

Spendenkonto:
Malteser Lourdes Kinderzug
Kurhessische Landbank, Kassel
Konto 75299
BLZ 520 602 08

Ambulanter Pflegedienst der Malteser

Der Malteserorden ist ein souveränes Völkerrechts-Subjekt mit Sitz in Rom. Er unterhält in dieser Funktion diplomatische Beziehungen zu rund 100 Staaten und entsendet Vertreter in neun internationale Organisationen, wie u.a. die UNO. Dies prädestiniert die Malteser für Vermittlungsmissionen und Arbeiten in Krisengebieten. Der Orden hat in mehr als 50 Ländern Niederlassungen. In Deutschland gehören ihm rund 600 Ordensritter und -damen an.

In den Werken des Ordens in Deutschland sind rund 35.700 aktive Ehrenamtliche im Malteser Hilfsdienst e.V. engagiert, darunter 9.000 Mitglieder der Malteser Jugend. Ferner arbeiten in den verschiedenen Malteser Einrichtungen mehr als 12.000 Menschen hauptamtlich in Voll- und Teilzeit.

Jährlich finden bis zu 20 **Lourdes-Krankenwallfahrtszüge** (seit 1948) von Deutschland aus statt.

Malteser International ist das weltweite Hilfswerk des Malteserordens für humanitäre Hilfe mit Sitz in Köln. Die Organisation ist mit rund 200 Projekten in über 20 Ländern Afrikas, Asiens und Amerikas tätig.

Die Malteser sind eine internationale Organisation mit einer mehr als 900-jährigen Geschichte.

Die Malteser sind an über 700 Standorten in Deutschland vertreten.

Die Malteser sind aktiv
| im Katastrophenschutz
| im Sanitätsdienst und Psychosozialer Notfallversorgung
| in der Erste Hilfe-Ausbildung
| in der Hospizarbeit und in Besuchs- und Begleitungsdiensten
| für mehr als 12 Millionen notleidende Menschen – weltweit, jedes Jahr

Die Malteser sind engagiert
| in ambulanten Pflegediensten | im Menüservice
| im Rettungs-, Rückhol- und Fahrdienst | im Hausnotruf

Die Malteser unterhalten
| 8 Betreuungseinrichtungen für Spätaussiedler und Asylsuchende
| 26 Einrichtungen der Jugend- und Drogenhilfe und Schulen
| 11 Anlaufstellen für Menschen ohne Krankenversicherung
  (Malteser Migranten Medizin, MMM)

Die Malteser betreiben
| 8 Krankenhäuser
| 22 Altenhilfeeinrichtungen
| 100 Einrichtungen und Dienste der Hospizarbeit und Palliativmedizin
| eine Fachklinik für Naturheilverfahren

Malteser gibt es fast überall. So auch in Ihrer Nähe! An über 700 Stellen in Deutschland, in jeder größeren Ortschaft, aber auch in ländlichen Gebieten haben Malteser Niederlassungen, Gliederungen und Geschäftsstellen und verrichten ihren ehrenamtlichen Dienst am Nächsten, am Bedürftigen.

Wir haben Ihr Interesse an den Maltesern geweckt? Sie wollen mehr über die weltweite Arbeit der Malteser wissen? Sie wollen sich persönlich engagieren und helfen? Oder Sie wollen uns finanziell unterstützen? Wir brauchen jeden Helfer, wir brauchen Sie. Sprechen Sie uns an! Hier erfahren Sie mehr:

Malteser Hilfdienst e.V. | Generalsekretariat
Kalker Hauptstr. 22-24 | D-51103 Köln
Tel.: +49-(0)221 / 98 22-01 | Fax: -391
E-Mail: malteser@malteser.org | www.malteser.de
Spendenkonto: 120 120 120 | Bank für Sozialwirtschaft | BLZ 370 205 00